España no es una cáscara

JAVIER RUIZ PORTELLA

España no es una cáscara

PRÓLOGO DE EUGENIO TRÍAS

EDICIONES ÁLTERA

Primera edición: octubre de 2000

Diseño gráfico de la cubierta: Jordi Xicart

La edición de este libro ha merecido una ayuda de la Dirección General del Libro del Ministerio de Educación y Cultura

ISBN: 84-89779-20-1
Depósito Legal: B-41.363-2000

Ediciones Áltera, S. L.
Comte d'Urgell, 64
08011 Barcelona
Tel. 934 51 95 37
Fax 934 51 74 41
leddys@altera.net

Impreso en España
por Novagráfix, S. L.

A Marc, Alicia e Ingrid, que con sus jóvenes años a cuestas tanto saben lo que es la identidad a través de la diversidad.

... aquí y no en otro lugar me esperaba la imposible, la ebria certeza de estar en España.

En España, a donde tantas veces he venido a buscar este instante, esta devastadora epifanía,

sucede el milagro y me interno lentamente en la felicidad sin término

rodeado de aromas, recuerdos, batallas, lamentos, pasiones sin salida,

por todos esos rostros, voces, airados reclamos, tiernos, dolientes ensalmos;

no sé cómo decirlo, es tan difícil.

ÁLVARO MUTIS

Prólogo

DESEARÍA QUE el lector advirtiera el trasfondo de la argumentación que esgrime Javier Ruiz Portella en este texto. Una argumentación que se explicita sobre todo en los párrafos finales del texto. Éste no es un simple alegato en contra de los nacionalismos; ni siquiera lo es en relación al que más directamente le concierne (o nos concierne): el nacionalismo en su forma de manifestarse en Cataluña en estos últimos años. Es, más bien, un correctivo y una advertencia a los modos habituales de combatirlo. Y un esfuerzo serio por asumir algunos aspectos que el nacionalismo (o nuestro nacionalismo más cercano) integra en su peculiar ideología, aunque torciendo hacia sus propios meridianos intelectuales lo que, en principio, podría concebirse de otro modo.

Con buen tino Ruiz Portella polemiza con el marco ideológico desde el cual, a veces de modo impremeditado, otras de manera plenamente consciente, se intenta combatir el nacionalismo en su expresión más próxima (catalana).

Polemiza decididamente con dos orientaciones que desvirtúan, a su modo de ver, el peso de los argumentos con que ese nacionalismo suele combatirse. Y en ello, creo, anda muy acertado el autor de este texto en su diagnóstico. Cuestiona, en efecto, el utilitarismo con que se asumen, de manera acrítica, temas tan sensibles para todos como la lengua. Y asimismo el marco individualista mediante el cual se intenta construir, de manera harto reductiva, cierta idea, por lo demás irrenunciable, de ciudadanía.

Rebate, en primer lugar, la idea de que la lengua sea un simple medio o instrumento de comunicación. Lo problemático de esta idea no estriba tanto en la comprensión comunicativa de la lengua. Pues todo depende del alcance que demos a lo que por «comunicación» entendemos. Lo grave de esta comprensión de la lengua consiste en concebirla como medio o como instrumento. La lengua no es tal cosa. Es algo inherente a nuestra realidad, a nuestro «ser en el mundo»; es una cualidad propia (como dirían los estoicos) que constituye nuestro ser persona. La lengua es comunicación, ciertamente, en la medida misma en que es la expresión de un modo de ser y de sentir. Sin llegar a configurar una «concepción de mundo», como creen algunos antropólogos (siguiendo en esto la estela de las filosofías del lenguaje románticas, las de Herder y Humbold), sí es un a priori *que esquematiza y formaliza el modo en el cual la realidad del mundo y de nuestra experiencia de vida se produce. Es, desde luego, comunicación; pero sólo si se comprende que en esa comunicación tiene lugar la expresión más genuina de lo que somos.*

La lengua no sirve sólo, instrumentalmente, para comunicarnos en la «era de la comunicación». Es, sobre todo, un modo propio de expresión (erótica, poética, novelística, filosófica). Y esto atañe a todas aquellas lenguas que nos conciernen en nuestra sociedad (catalana) marcada por el bilingüismo. Este solo hecho confiere gravedad y urgencia a la necesidad de asumir esa doble realidad entrecruzada de la expresividad (poética, filosófica) de la lengua como la definición propia y ajustada de una identidad localizada en su mismo carácter complejo.

El error del nacionalismo no consiste en insistir en lo local en la era de la globalización. Más bien debe verse en ello su inexpugnable virtud. El error consiste en concebir lo local de modo simple; o en no advertir la mediación e incidencia de esa globalidad, a través de instancias intermedias, en esa misma localidad, de manera que ésta comparezca en su verdad: como un lugar marcado por la complejidad (en términos lingüísticos y en términos de pertenencia o de conciencia de identidad).

Llevo insistiendo en que esa articulación es más

bien un sentir común; y no un lugar de necesario conflicto. Es erróneo y demagógico extrapolar a este importante y trascendental terreno la canción de Antonio Machín, cuyo contexto es conocido: la de una doble amante: por un lado, su esposa, madre de sus hijos; y por otro, quien le proporciona placer sexual. No, no es lícito proyectar, chistosamente, la duplicidad de la canción bolero a un tema tan serio y complejo como la articulación dialéctica de nuestra doble identidad lingüística y de pertenencia. Se puede ser catalán y español sin demasiado problema (las estadísticas muestran que eso es más bien la regla que la excepción). Y se debería vivir en plenitud «en catalán», asumiendo, sin excesivo costo, esa doble lengua que, según los casos, implica un predominio del catalán o del castellano. Lo local lo es como lugar de complejidad; no de una esencia simple que se define por exclusión de una sombra a la que se da el valor de un chivo expiatorio.

El segundo punto cuestionado es el individualismo. No somos individuos; simples átomos flotantes agregados que formamos por pura asociación contractual una sociedad. Somos más bien complejas realidades personalizadas, o personas, que componen una comunidad que lo es no sólo de los vivientes; formamos comunidad con la tierra y con la atmósfera, o con el aire que respiramos (como muy bien se-

ñala Ruiz Portella); formamos asimismo comunidad entre los vivos y los muertos. Obviar esto es equivocado. Magnificarlo es terrible. Lo primero sucede en las ideologías abstractas, liberales e individualistas. Lo segundo es propio de los nacionalismos melancólicos.

Llevo tiempo insistiendo en ese carácter personal que define nuestra realidad existencial propia. No hace mucho lo expresé con rotundidad en un artículo titulado «Persona y comunidad». Y no puedo menos que alegrarme de que esa prioridad dada a lo personal haya sido, en la última campaña electoral, asumida radicalmente por uno de los partidos mayoritarios.

Estamos ante una reflexión necesaria que quiere profundizar en un debate que, con excesiva frecuencia, se limita a repetir grandes tópicos estériles por ambos frentes. El texto de Ruiz Portella se esfuerza, y consigue, transcender esos tópicos (y el tedium vitæ *que acaban produciendo).*

EUGENIO TRÍAS

I

El hombre nacionalista: esa bofetada en el rostro de la modernidad

SE DEDICA con afán a sus actividades. Es emprendedor, trabaja, comercia, ahorra. Tales son sus virtudes —dicen—, entre las que destaca sobre todo el comedimiento, la sensatez. No estremecen su vida grandes pasiones: ni para bien ni para mal. Han desaparecido los seculares demonios que desgarraban hasta hace poco su país. También se ha desvanecido aquel Dios que todavía dominaba —pero daba sentido— al mundo de sus mayores. Vive en una sociedad apacible que ha experimentado una suave, casi milagrosa transformación. Y así va pasando su vida: trabajando, consumiendo, distrayéndose, amando alguna vez, olvidando luego el amor, muriendo al cabo...; así va transcurriendo esa vida dulzona y mansa, que se parece como una gota de agua a la del hombre de tantos países: la vida del hombre moderno, del hombre de hoy.

Pero he aquí que esa vida parece como si le supiera a poco a nuestro hombre, como si le faltara algo: como un aliento, como un impulso que le llevara más allá de ese insulso trabajar y comprar en el gran supermercado en el que hoy se ha convertido el mundo. Así, mientras se desvanecen por doquier —en su país también— la mayoría de grandes alientos y pasiones, surge otra que inflama y arrebata el corazón de nuestro hombre: «el hombre nacionalista», ese hombre que, surgido en diversas partes de nuestro mundo, se implanta desde hace algunas décadas como un extraño quiste en el rostro del hombre moderno, pretendidamente universal.

*

¿Qué mueve al hombre nacionalista, a ese hombre que, por un lado, comulga con los valores universales —razón, consumismo, utilitarismo, productividad...— y que, por otro, se aferra con todas las fuerzas de su ser a algo aparentemente irracional, a un trozo de tierra, a un pasado, a una lengua..., a esas cosas con las que nadie va a hacer dinero alguno,[1] esas cosas tan manifiestamente inútiles, tan imprácticas desde el punto de vista de los valores que rigen a nuestra época?

Trataremos de descubrirlo, de penetrar en la idiosincrasia de nuestro hombre, de indagar lo que estremece su corazón. Pero no lo haremos en abstracto, en el vacío. Tal como mandan los cánones nacionalistas, nos asentaremos para ello en una tierra precisa: nos situaremos en Cataluña, en esa región que, marcada por la luz y el espíritu del Mediterráneo, se ubica en el vértice nororiental de lo que, para evitar su otra denominación, los meteorólogos de la televisión catalana se empeñan cotidianamente en designar tan sólo como *«la península ibèrica»*.

1. Sólo blandiendo la simpleza de la visión materialista del mundo se podría considerar que el resorte básico del nacionalismo radica en la consecución de ventajas económicas para el país cuyos intereses se pretende defender. Es cierto, por ejemplo, que una de las reivindicaciones del actual gobierno de la *Generalitat* consiste en exigir una mayor parte de la recaudación fiscal generada en Cataluña, y cuya totalidad es lo que en realidad desearía obtener. Ahora bien, aparte de que se podría perseguir igualmente dicho objetivo sin desplegar toda la ideología nacionalista, es fácil constatar que las sumas gastadas en defensa y promoción de la política nacionalista, junto con las que dejan de generarse (por ejemplo, a causa de la retirada de compañías multinacionales) sobrepasan, o como mínimo igualan, los beneficios económicos obtenidos de tal modo.

Vamos a hablar, pues, del nacionalismo catalán: en cuanto tal y en cuanto ejemplificación de lo que a través de él aparece como rasgos del espíritu nacionalista en general; una ejemplificación que nos obligará, pues, a hacer abstracción de las diferencias que, aun sin afectar a ningún resorte fundamental, median entre el nacionalismo catalán y los demás nacionalismos que se despliegan tanto en «la península ibérica» como más allá de la misma.[2]

Entre estas diferencias, hay una que parece fundamental. Como bien sabido es, el nacionalismo catalán se caracteriza (contrariamente a tantos otros nacionalismos; el vasco, sin ir más lejos) por defender sus reivindicaciones de manera absolutamente no violenta, civilizadamente democrática, tolerante: encomiables cualidades… en las que, si bien se mira, no hay sin embargo gran cosa que encomiar, como nada se le encomia, y con razón, al honrado ciudadano que no anda por la calle desenfundando su pistola y matando a sus semejantes.

2. Una única salvedad: el presente análisis se limita al nacionalismo surgido en el marco del mundo denominado democrático u occidental. Quedan pues excluidos otros tipos de nacionalismos: ya sean pretéritos (como el que, dentro mismo de Occidente, caracterizó al nazismo o al fascismo; o como el que asuela hoy en día al mundo islámico o a otras regiones del Tercer Mundo).

Sin embargo, no es la cuestión de la violencia la que aquí nos interesa. Recurrir o no al terror para la consecución de los objetivos nacionalistas, constituye desde luego una diferencia crucial (en particular para las víctimas), pero que no afecta a la naturaleza misma de tales objetivos, y aún menos a los resortes por los que una sociedad se aglutina y busca su sentido en la afirmación nacionalista de su identidad. Emplear o no la violencia terrorista es una cuestión que atañe fundamentalmente a los *medios* puestos en obra para la afirmación de tal identidad; unos medios de los que se aparta —sinceramente horrorizado— cualquier nacionalista democrático... cuyas metas finales, o más exactamente: cuya visión del mundo no deja de comulgar, sin embargo, con las de quienes empuñan las armas.

«Quien empuña las armas, quien abraza la violencia», replicará sin duda cualquier nacionalista democrático, «no es nunca la sociedad como tal; es sólo una minoría de terroristas». Es obvio que sólo una minoría (ETA, IRA, ejército de Milosevic, milicias albano-kosovares...) es la que ejecuta materialmente el terror. Pero cuando éste cuaja, cuando la violencia se consolida como un cáncer que no se logra extirpar durante años y años —más de treinta lleva ya en el País Vasco—, ello sólo puede explicarse porque la acción de los terroristas encuentra en la sociedad (o mejor dicho, en aquella parte de la sociedad que abraza la causa nacionalista) un caldo de cultivo suficiente.

Ya sea por acción o por omisión. Por acción: por ejemplo, la del 15 por ciento del electorado vasco que vota regular y abiertamente por ETA (¿cuándo, por cierto, dejaremos de usar eufemismos tales como Herri Batasuna u otras siglas con las que los adalides del terror salen a la luz pública?). Pero la violencia también puede ser apoyada por omisión: por ejemplo, la de un Partido Nacionalista Vasco y sus sectores sociales afines, que lejos de ver en el terrorismo el más acérrimo enemigo de la sociedad vasca, siempre lo han considerado como los lamentables extravíos de «estos chicos de ETA»... con los que nada les ha impedido, por lo demás, acabar pactando.

Nada de ello sucede en los países cuyos ardores nacionalistas no se iluminan con destellos de pistolas y fogonazos de bombas. Nada de ello sería imaginable, por ejemplo, en Cataluña, donde sin embargo —en un único y paradójico caso— la situación no deja de ser casi igual de inquietante.

Lo que es inquietante en Cataluña, lo que aquí está gravemente deteriorado, no es desde luego una convivencia social que hasta puede ser calificada, hoy por hoy, de ejemplar. *Hoy por hoy,* en efecto. Pues existe mañana —un mañana que se cifra en términos de una, dos o más generaciones— el enorme riesgo de que todo cambie conforme vaya consiguiendo el nacionalismo lo que en realidad persigue: que la identidad de los catalanes pierda lo que desde hace siglos constituye nuestra mayor riqueza (y que el nacionalismo considera como la mayor miseria): toda esa honda dualidad de nuestro ser, toda esa profunda, vital imbricación entre dos lenguas, dos raigambres culturales: la específica de Cataluña y la que compartimos con todos los españoles.

La paradoja es inmensa, pero semejante peligro hasta parece mayor, a largo plazo, en la sosegada Cataluña que en el desgarrado País Vasco. Ahí al menos se tiene conciencia del peligro, ahí al menos se alzan defensas incomparablemente mayores frente a los designios del nacionalismo. Así, por ejemplo, el terror sobre el que se apoya el nacionalismo vasco ha conseguido que se aglutine frente a él un masivo movimiento social y político que carece de parangón en Cataluña. Así, por ejemplo, si más de la mitad de los vascos no dudan en afirmarse claramente y sin rodeos como vascos y como españoles, bien pocos somos los catalanes que con, igual orgullo, proclamamos hoy nuestra doble y simultánea identidad.

Identidad: he ahí la palabra clave, la identidad que se expresa en sentimientos y afectos mucho más que en los burocráticos carnets del mismo nombre. Más que de pertenecer (o no) a un Estado, de lo que se trata es de pertenecer (o no) a dos culturas situadas en pie de igualdad. De lo que se trata, dicho con otras palabras, es de considerar (o no) la cultura y la lengua del conjunto español tan propias como las específicas de Cataluña.

Todo lo que pretende el nacionalismo es acabar con semejante dualidad, reducirla a una simple unidad. Pero no es de esto de lo que estábamos hablando, sino de los contrapuestos medios de que se valen, para lograrlo, el nacionalismo violento y el pacífico.

«A la chita callando»: tal parece ser el lema que, con una inteligencia política digna de ser glosada en manuales, el nacionalismo catalán está llevando a cabo su empeño. Sin grandes aspavientos, sin plantear enconados objetivos «soberanistas», como dicen en otras tierras los pistoleros y sus amigos; sin pistola alguna, sobre todo. Convencidos (consciente o inconscientemente) de que todo lo esencial se juega —y ahí sí que tienen razón— en las conciencias, el espíritu y las mentalidades. Empeñados por tanto en mover ante todo las conciencias, en modelar como una ola de fondo los sentimientos, en forjar anhelos, creencias y símbolos, en difuminar a lo largo y ancho de todo el cuerpo social un espíritu empapado de los postulados de un pobre país irredento, constituido por una sola cultura y una sola lengua (por más que se acepte tener que seguir hablando mejor o peor la otra).

Que parecido empeño no se puede llevar a cabo de la noche a la mañana, es cosa obvia. Sólo a base de años y de pacientes esfuerzos se puede acabar ejerciendo semejante influjo sobre el cuerpo social; sobre todo cuando la mitad del mismo, la mitad castellanohablante de la población, todavía es considerada en realidad como «ajena». Más vale pues, piensan con todo su *seny* a cuestas los nacionalistas catalanes, no forzar, no violentar demasiado las cosas. Donde se desarrollará pues la acción principal no será en la arena política: ahí donde, salvo la independencia, ya está todo conseguido una vez que se ha obtenido una autonomía política ejemplar que nadie pone lo más mínimo en cuestión. La acción fundamental, la acción destinada a captar las almas, se desarrollará pues en otro lugar: ahí donde se forja el espíritu: en los ámbitos de la cultura, de los medios de comunicación y de la enseñanza. En la enseñanza sobre todo, en este sistema escolar que acoge, es cierto, la enseñanza del idioma español... relegándolo al ámbito de lengua foránea, atribuyendo a su estudio parecido número de horas (a veces incluso menos) que a la enseñanza del inglés.

Pero las apariencias se ven de tal modo salvadas: el bilingüismo es formalmente respetado, y así, con ocasión de una denuncia interpuesta ante el Tribunal Europeo de Estrasburgo, la política lingüística de la *Generalitat* incluso ha podido recibir —por obvias aunque bochornosas razones de táctica política— la bendición del gobierno de España. Para volver a la anterior comparación con el País Vasco: ¿se habría acaso impartido tal bendición si lo denunciado hubiese sido la política lingüística seguida en esas *ikastolas* vascas donde a los niños que osan abrir la boca en español se les puede castigar haciéndoles cargar piedras en bolsillos y mochilas?

*

Con las anteriores consideraciones nos hemos desviado, sin embargo, de nuestro tema. La cuesción de las dos grandes estrategias a las que recurre el nacionalismo no es realmente la que nos importa. Lo que nos interesa ante todo es tratar de comprender lo que se juega en el espíritu nacionalista, en la visión del mundo que de tal modo se despliega. Para ello, es obviamente preciso abordar, como acabamos de hacer y como haremos luego, diversas cuestiones relacionadas con las circunstancias en que se desarrolla la lucha nacionalista, con los medios (violentos o no) a los que ésta recurre. Pero lo que nos importa esclarecer ante todo no son ni estas cuestiones, ni todas las relacionadas con «soluciones», «políticas», o «estrategias»...: con todas aquellas medidas, dicho con otras palabras, que pueda ser conveniente adoptar a fin de hacer viable la convivencia en la sociedad, a fin de restaurar el tejido social desgarrado entre aquellos a los que mueve el ansia nacionalista, y aquellos a los que no.

Son sin embargo las cuestiones de esta índole —circunstanciales, políticas— las que, acaparando toda la atención, dominan el debate público (tanto en España como en cualquier país en el que está alumbrada la llama nacionalista). Ello es así porque se trata sin duda de cuestiones absolutamente vitales..., pero que se plantean como si no hubiera nada más: como si por debajo de «medidas», «proyectos», «tácticas» y «políticas» no fuera todo un país lo que, como un animal presto a parir, se estremeciera en busca de sus señas de identidad. Es más, como si no fuera toda una concepción del mundo, toda una visión del sentido o del sinsentido de la existencia de los hombres, lo que por ahí mismo está en juego.

Tratemos pues de llevar la discusión por los derroteros que marcan tales cuestiones, sumamente generales, es cierto, pero que no por ello se abordarán aquí de forma abstracta. Tomarán, por el contrario, cuerpo y sentido mediante la referencia concreta a diversos aspectos de la realidad social, cultural y lingüística de Cataluña: siempre, claro está, dentro de la perspectiva que perseguimos, y sin efectuar una concreta toma de partido en el sentido corriente —partidista— del término.

*

La anterior reserva me obliga, sin embargo, a abrir un breve paréntesis.

Abordar —como aquí se pretende— cuestiones teóricas del tipo de las planteadas no significa en modo alguno rehuir el debate político, «lavarse las manos», tener miedo de «mojarse». Al contrario: las páginas que siguen van a mojarse, y abundantemente, pero sin entrar por ello en las concreciones del debate político propiamente dicho. Ahora bien, si éste ocupa aquí un lugar secundario, no es a causa del conocido recelo que despierta a menudo el debate político partidista; no es a causa del temor ante la toma de partido que tantas veces conturba el ánimo de quien se entrega a los quehaceres teóricos.

Es más, en una época en que la actividad política es objeto de extendida mofa y vulgar menosprecio, bueno sería que, desde el terreno mismo de la teoría, se reconociera toda la necesidad y dignidad de la acción política. Una dignidad... que no deja sin embargo de ser profundamente turbia, es cierto. Pero ¿cómo podría no serlo cuando alguien baja a la arena política, y mojándose, anda por esta tierra embarrada, que se pega al cuerpo y lo ensucia? ¿Qué es, en efecto, semejante arena sino la tierra misma que envuelve la vida de los hombres en sociedad? ¿Qué es, sino todo este conjunto de visiones dispares, de intereses contrapuestos, de mezquindades..., pero también de grandezas: todo este disparatado, variopinto magma que la acción política trata con mayor o menor éxito de conglomerar, de unificar?

Denunciémoslas, por supuesto, con el mayor de los ahíncos, pero no veamos tan sólo en la acción política las prebendas y corruptelas de quienes ejercen el poder. A la vez que criticamos y denunciamos las bajezas que pueden empañar a los hombres que «toman partido hasta mancharse», no dejemos de admirar también a quienes, enfrentados a infinitas paradojas —a la paradoja misma de la vida social—, tienen por misión la de arrinconar precisamente la paradoja, la de vencerla en aras de la unidad y de la acción.

Es lógico —incluso sano— que desde el ámbito del arte y de la filosofía se produzca semejante recelo hacia la acción de quienes se empeñan en suprimir la paradoja, la contradicción, la ambivalencia que late en el corazón mismo de las cosas y de los hombres. ¿Cómo no sería lógico tal recelo? Reconocer que nada es unívoco, que en cada cosa palpitan múltiples, contradictorias dimensiones... y que sin embargo anida en cada cosa el sentido, es decir: la unidad. Digámoslo de otro modo: desvelar y recrear la gran Paradoja que hace que el mundo sea mundo, y las cosas, cosas: tal es lo propio del arte, la filosofía y la poesía; tal es la forma en que en ellas se desvela la realidad. Pero aquí, en el ámbito de la sociedad, el derecho y el poder —en ese ámbito donde de lo que se trata es de diseñar y gestionar aquello que mantiene a los hombres juntos en una comunidad—, aquí no se trata de desvelar ni de manifestar paradoja alguna. El gesto que aquí prima no es —no puede ni debe ser— el de contemplar o interrogar, sino el de hacer: hacer que la realidad —esa cosa multiforme y contrapuesta— sea viable y vivible: relativamente unificada, pues. Aquí se trata de actuar y mandar. O sea, de decidir, de tomar tal rumbo y no el contrario, nunca los dos a la vez. Aquí se trata de zanjar dilemas, dirimir conflictos, tomar decisiones: decisiones que no pueden ser sino unívocas, que no pueden orientarse más que en una dirección y no en la otra, no en los múltiples sentidos por los que se desparrama la realidad.

*

Porque la realidad a la que nos enfrenta el nacionalismo se desparrama en diversas direcciones a la vez; porque nos va a enfrentar a toda una inmensa paradoja; porque estas páginas —visceralmente opuestas tanto al nacionalismo en general como al catalanismo en particular— deberán no obstante reconocerle como un aliento en el que no deja de anidar un cierto tipo de grandeza: por todas estas razones, el presente ensayo no pretende ni puede pretender bajar a la arena política propiamente dicha.

Y sin embargo, estas páginas «se mojan», se enzarzan en la contienda, pero lo hacen sin pretender zanjar propiamente nada; es decir, sin definir proyectos, soluciones, remedios encaminados a resolver de tal o cual forma los conflictos, a organizar de tal o cual modo la vida de un país sometido a la vorágine nacionalista.

Los inconvenientes prácticos de tal actitud son más que manifiestos. Pero sus ventajas, también. Semejante enfoque permite, sobre todo, hablar con una claridad inhabitual en el debate político. Permite, en efecto, hacerlo a rostro descubierto, sin cubrirlo con los tapujos y paños calientes de diversa índole a los que recurren por lo general los contendientes políticos.

Es más, en cierto sentido, tales componendas —tales «habilidades tácticas», si se prefiere— no pueden dejar de caracterizar a la contienda política.

No puede ser de otro modo cuando lo que está en juego —máxime en cuestiones tan teñidas de emotividad y susceptibilidad— no es otra cosa que el intento de salvaguardar la convivencia, de descubrir vías de encuentro, de apaciguar los enconos, de no echar más leña al fuego. No con vistas a claudicar ante aquéllos a quienes se trata de vencer. Con vistas, por el contrario, a vencerlos.

II

El pasado se hace presente

LLAMAR AL pasado para que acuda a configurar políticamente el presente; apelar, como en el caso de Cataluña, a un pasado cargado con el gran peso de trescientos años de historia (si tomamos la Guerra de Sucesión que, con la victoria de Felipe V, marcó en 1714 la abolición de las instituciones políticas catalanas: «la culminación de la opresión»), o recurrir a un pasado cargado con el peso aún mayor de quinientos años (si nos remontamos al matrimonio de Fernando II, rey de Aragón y Cataluña, con Isabel I, reina de Castilla: «el comienzo de la dominación»); hacer revivir de tal modo el pasado, llevarlo al primer plano de la actualidad: tal es el gesto —uno de los más esenciales— que caracteriza al hombre nacionalista: en este caso, nacionalista catalán.

Da igual que esta rememoración del pasado sea verídica o falaz, real o imaginaria. No nos pongamos ahora a discutirlo. Hacerlo significaría entrar en el juego que más le complace a cualquier nacionalista: «¡Villanos fueron los otros! Nos arrebataron nuestra lengua, nos privaron de nuestra identidad», exclama el catalanista. «Las cosas son sin duda mucho más complejas —le replica su oponente—; sin duda fue también mucho lo que obtuvimos al enraizarse en nuestra tierra la lengua originada en Castilla; es imposible, por lo demás, reducir una convivencia de siglos a la mera opresión». «¡Que sí! —le responde el otro—, ¡he aquí tales hechos!»... «¡Que no! ¡He aquí tales otros!»

Concedamos provisionalmente que sí, que es cierta esta versión según la cual lo esencial de la historia de la Cataluña moderna se habría desarrollado bajo el signo exclusivo del sometimiento. De dicha versión se derivan diversas consecuencias, prácticas las unas, teóricas las otras. Lo que desde el punto de vista teórico se produce es ante todo la sorpresa: la suscitada por el hecho de que se pueda imaginar que las relaciones que durante siglos han vinculado entre sí a dos pueblos (cualesquiera que sean) estén configuradas bajo el signo de la dominación del uno sobre el otro; el asombro ante la posibilidad de que esta cosa denominada España haya podido consistir durante tantos siglos en un instrumento de opresión entre sus partes constitutivas; la sorpresa, en fin, ante una visión de las cosas que tan malparado deja el vigor histórico de un pueblo —el catalán, el vasco, el que sea— al que sus más conspicuos valedores reducen de tal modo a ser, o haber sido, manso rebaño de esclavos.

Pero si las anteriores consecuencias son meramente teóricas, otras en cambio no dejan de tener notable incidencia práctica. Y si las primeras daban paso al asombro, éstas abren las puertas a la inquietud, al temor ante las consecuencias que pueda acarrear la edificación de una sociedad que resiente en carne viva el permanente agravio efectuado por otra comunidad..., aquella misma a la que sigue, mal que le pese, vinculada.

Es cierto que dicho temor se amortigua consi-derablemente a la vista de la forma como en Cataluña se ha articulado hasta ahora la convivencia social. Pero ello no empaña la validez de dicho riesgo. Formulemos, pues, este temor de otro modo: ¿cómo no inquietarse por la suerte de un país que, para descubrir sus señas de identidad, se dedica a hurgar en los entresijos del resentimiento, ahí donde late insidioso el rencor? Da igual, en últimas, que el agravio histórico del que procede tal rencor sea total o parcialmente verdadero; o total o parcialmente imaginario. Tanto en un caso como en el otro las consecuencias son idénticas. En ambos casos es el resentimiento lo que se alza para dar carta de naturaleza a un país.

Y sin embargo, más allá del agravio y el resentimiento, por debajo del victimismo elevado a piedra angular de una sociedad, hay también otra cosa, otra dimensión esencial que, atrayendo nuestra atención, nos obliga a apartarnos brevemente de nuestro tema y a entrar en algunas consideraciones de índole más general.

*

Lo que hay por debajo de este hurgar en los agravios de la historia, es toda una actitud, todo un talante que resulta profundamente insólito en el ámbito de la modernidad. Qué duda cabe que la sociedad catalana —como cualquier sociedad marcada hoy, en Occidente, por el nacionalismo— es una sociedad plenamente moderna; es decir, una sociedad que se encuentra configurada por todo ese «imaginario social-histórico» que recibe el calificativo de «moderno»;[3] una sociedad caracterizada, pues, por toda esa forma de *ser-en-el-mundo*, como diría Heidegger, por todo ese conjunto de ideas, valores, anhelos, sentimientos... entre los cuales destaca el de la *intemporalidad.*

El hombre moderno: *el hombre intemporal*, en efecto. Así es —o así se pretende— ese hombre desanclado del tiempo, desarraigado del pasado; ese hombre que, habiendo roto con la fuente misma de la tradición, queda sumido en un puro presente, y cuyo futuro, desmoronadas ya las ínfulas revolucionarias, es igualmente concebido como mera prosecución del presente.

Ahora bien, esa intemporalidad que caracteriza a la sociedad moderna resulta sumamente paradójica: pues si, desvinculándose del pasado, el mundo moderno ignora su anclaje histórico, este mismo mundo no deja de ser, por otro lado, aquel que más pro-

3. El «imaginario social-histórico»: tal es la idea central del pensamiento —no por poco conocido menos fundamental— del filósofo francés C. Castoriadis. Se entiende por tal «imaginario» la radical indeterminación que, sin remitir a ninguna causa o razón, caracteriza al conjunto de ideas, anhelos y valores que en cada época dan sentido al mundo, lo hacen propiamente surgir, es decir, «imaginar», «inventar». La obra póstuma de C. Castoriadis, *El ascenso de la insignificancia*, ha sido traducida recientemente al español (Ediciones Cátedra, Madrid, 1998).

fundamente se sume en el flujo implacable del tiempo y de sus cambios.

Veámoslo más detenidamente.

Por la ruptura misma —inmensa— que la modernidad representa en el *continuum* de los tiempos; por la destrucción que inflige a los valores imperecederos que habían sustentado hasta entonces la vida de los hombres —Dios, monarquía, tradición...—; por todo ello los hombres de la modernidad nos encontramos abocados, como nunca se había encontrado hombre alguno, a lo perecedero, a lo cambiante, a lo temporal, a lo histórico —a lo finito, pues— de nuestra condición.

Y si en semejante confrontación radica lo que podría ser nuestra mayor grandeza..., también se deriva de ella nuestra principal miseria.

Ahí radica nuestra grandeza de hombres libres: la de los hombres que no nos engañamos ni nos hacemos ilusiones; la de quienes sabemos que todo fluye, cambia, perece sin sentido predeterminado alguno; la de quienes hemos asumido que ningún destino rige nuestro fugaz paso por la tierra; y ninguna Ley, los rumbos del mundo y del ser.

Pero de ahí mismo se deriva también toda nuestra servidumbre: porque, por el vértigo mismo de semejante saber, por la escurridiza, contradictoria riqueza que todo ello implica; por el inmenso reto, en una palabra, que de ahí se sigue, parece como si nos resultara imposible aceptar aquello que por fin sabemos; parece como si este saber indujera por sí mismo a ser camuflado, rechazado, encubierto en el acto mismo en el que adviene a la luz.

Dicha disimulación se lleva a cabo a través de modalidades múltiples y diversas, entrar en cuya consideración nos alejaría excesivamente de nuestro tema. Habiendo abordado toda esta cuestión en otro lugar,[4] me limitaré al único aspecto que aquí nos interesa. El hombre moderno se sabe —no puede dejar de saberse— profundamente temporal, es decir, vinculado al tiempo, a lo perecedero, a la historia y a sus cambios que él mismo es el primero en aplicar a un ritmo desenfrenado. Y es precisamente esta importancia que para nosotros tiene lo cambiante, lo que nos lleva a perdernos, a extraviarnos, a concebir nuestra temporalidad como si estuviera constituida tan sólo de rupturas y no también de continuidad; como si, una vez quebrado el encadenamiento con el pasado que hasta entonces se encarna-

4. Javier Ruiz Portella, *La liberté et sa détresse —ou le désenchantement de la modernité*, Editions Ousia, Bruselas, 1993.

ba en la tradición, el hombre moderno se instalara en una especie de eterno presente; como si la temporalidad quedara reducida al inmediato ahora; como si el tiempo tuviera una sola dimensión y no tres; como si el presente —dicho de otro modo— estuviera hecho tan sólo de ruptura y no también de entroncamiento con el pasado y sus arraigos, tanto como de proyección hacia el futuro y sus incertidumbres.

El pasado ya pasó, dice el hombre moderno. Ninguna palabra, ningún gesto, ningún símbolo..., nada de lo que fueron nuestros antepasados marca hoy —como sea: poco o mucho, pero con presencia activa— nuestro discurrir por el mundo. Nuestros antepasados se fueron para siempre, nada de lo que hoy somos tiene nada que ver con lo que ayer fue. Quedan, claro está, diversos restos del pasado, despojos ilustres que entran solemnemente en el museo, se convierten en «historia»; en esta historia reducida a mera «asignatura», al conocimiento que cultivan quienes se interesan por las curiosidades del ayer.[5]

5. *¿La historia reducida a una asignatura?...* ¡Ni siquiera! La historia reducida a una pobre, mísera asignatura, habría que precisar pensando en la brutal degradación de que es actualmente objeto su estudio.

El naufragio del pasado entre las aguas del presente; la ruptura —dicho más concretamente— con lo que siempre había significado la tradición, deja al hombre moderno irremediablemente solo, desarraigado, perdido como rayo fugaz que surge y se desvanece en el tiempo. Y ésta es precisamente la soledad que no conoce —que intenta no conocer— el hombre nacionalista. Es éste el desarraigo frente al cual se alza con todo su ser. Tal es su paradoja... y su grandeza: la de un hombre que, profundamente imbuido de todos los valores de la modernidad, se lanza sin embargo a la búsqueda insaciable de su pasado: un pasado que es llevado a la palestra, actualizado en presente, reactivado en la afirmación de la identidad nacional.

Da igual que esta rememoración del pasado sea imaginaria o real; o que constituya, más probablemente, una mezcla de fantasía y realidad. No estamos contemplando ahora el contenido —resentido o altanero— de lo que el hombre nacionalista afirma respecto a la historia. Estamos contemplando lo que late por debajo de semejante afirmación; es decir, este gesto mediante el cual se intenta dar sentido a una comunidad de hombres anclados en el tiempo y el espacio; este gesto con el que, buscando a tientas entre las sombras de la historia, unos mortales —que como modernos que son, se saben tales; es decir, perecederos y fugaces— intentan borrar la fugacidad, hallar algo como una perennidad, entroncarse con quienes ya se fueron para siempre, engarzarse en lo que éstos hicieron y fueron.

Semejante entroncamiento tiene un nombre: *nación*. ¿Qué otra cosa significa afirmarse, saberse miembro de una nación, sino sentirse unido a la comunidad de los vivos y de los muertos que constituye la nación? Claro está que tal entroncamiento es heterogéneo. Por supuesto que quienes —nacionalistas o no— experimentamos el sentimiento de pertenecer a una nación, sabemos que poco tienen en común nuestras andanzas de hoy con las de quienes llevaron ayer nuestro mismo nombre: ambas son formas distintas —si es que no opuestas— de responder al estupor de los hombres ante la vida, de afrontar el acerado desafío de existir y morir. Por supuesto que, al encarar como hoy encaramos tal desafío, nos hallamos infinitamente más cerca de cualquier contemporáneo que habite en las antípodas, que de aquellos antepasados que, siglos atrás, ocuparon acaso esta misma casa en la que hoy habitamos.

Por supuesto que formar parte de una nación significa saber —o intuir— la heterogeneidad infranqueable que representa el tiempo. Pero también significa saber que, pese a tal heterogeneidad, una especie de aliento común nos une a todos aquellos que han constituido durante siglos nuestra comunidad, nos hermana a todos aquellos que han ocupado nuestra misma tierra, respirado este mismo aire, hablado nuestra misma lengua, gozado de esta misma intensidad de la luz, paladeado este mismo aroma de las cosas. Formar parte de una nación significa saber —o mejor dicho: *sentir*— que las hazañas y gestas, las ruindades y vilezas, las grandezas y miserias cometidas a lo largo de los tiempos por los hombres de una cierta comunidad, no me son indiferentes, no son intercambiables con las realizadas por los hombres de cualquier otra comunidad.

¿Por qué no serían intercambiables? ¡Por supuesto que lo son!, exclama el hombre moderno, el hombre que afirma la unidad indiscriminada del género humano, aquel que defiende el predominio del individuo reducido a su estricta individualidad. *¿Qué me puede importar* —añade este hombre— *un pasado con el que, en el fondo, nada tengo que ver? ¿Qué es este «aliento común», qué es esa cosa basada en algo tan insustancial como*

una luz, una tierra, una lengua...? Todo eso no son sino accidentes, curiosidades... ¡Monsergas! ¿Qué más da comunicarse en tal o cual idioma, vivir en tal o cual tierra? ¿Qué sentido, que utilidad hay en ello?

No hay en ello, en efecto, sentido alguno... siempre que presupongamos que «sentido» significa «utilidad»; siempre que afirmemos —como afirma el hombre utilitario— que el sentido sólo radica en aquello de lo que se desprenden beneficios materiales, o en aquello que se justifica mediante razones analizables. No, es cierto: ni la razón ni la utilidad es lo que mueve a los hombres de una nación —nacionalistas o no— a sentirse partícipes del pasado de su país. La razón no tiene nada que ver con ello: estamos ante un asunto en el que sólo imperan los sentimientos, la sensibilidad, la emoción.

Y tampoco hay en esta vinculación con el pasado la menor utilidad, ninguna «lección» concreta que extraer en cuanto a la organización presente de la sociedad. Son demasiado considerables las diferencias que nos separan del pasado como para que éste nos pueda aportar algún beneficio de parecida índole. El único beneficio que nos aporta la historia es parecido al que retiramos, pero a otro nivel, del arte y de la filosofía: ver cómo se ha ido desplegando, indócil y descalabrado, incomprensible pero manifiesto, cambiante... pero en el fondo idéntico, todo el sentido y sinsentido del discurrir de los hombres por la tierra.

Y sin embargo, pese a tanta inutilidad práctica, pese a toda esa preeminencia del presente que nuestra época impone, ahí está este hecho incuestionable: una buena parte de los hombres de hoy —nacionalistas o no— seguimos empeñados en buscar ese impalpable «aliento común»: el que emana de esta cosa tan frágil e inconsistente como es el pasado de una nación.

¿Por qué? ¿Qué es lo que mueve a los hombres a buscar esa cosa tan insustancial, tan leve, que hace falta toda una parafernalia de héroes, tambores y banderas para tratar de darle sólida robustez? Un sentimiento parecido, tan lejos de la razón y de la utilidad, sólo se puede concebir como el impulso que lleva a buscar lo más impalpable e inmaterial de todo: *un símbolo, un signo* —una de esas «monsergas» que exasperan al hombre utilitario y sin las cuales nada, en realidad, tendría sentido—.

El símbolo que se busca en el pasado histórico de una nación es el que nos dice que, por grandes que sean las diferencias con el pasado, el tiempo no es sólo ruptura: es también continuidad. El presente no lo sumerge todo; el hilo del tiempo no está deshecho; algo del pasado sigue latiendo todavía hoy. No sólo porque, aunque nos cerremos a cal y canto al pasado, éste ejerce sobre nosotros un obvio influjo; no sólo porque ninguna sociedad aparece nunca como una página en blanco emanada de la nada; no sólo —y aquí se trata de mucho más que de un simple influjo— porque hablamos la misma lengua forjada a través del habla de quienes nos precedieron; no sólo porque nuestra identidad de hoy sería inimaginable sin un pasado sobre el que apoyarnos: ya sea para demolirlo o para, a nuestra manera, proseguirlo.

No es sólo por eso. El «aliento» que una nación busca en la historia tiene por supuesto que ver con el influjo que ejerce el pasado, pero va mucho más allá. Lo que oscuramente se busca, es algo como el símbolo de una continuidad: la de saber, la de sentir, que quienes vinieron antes de nosotros, habitaron nuestra misma tierra, hablaron nuestra misma lengua..., todos ellos, es cierto, desaparecieron para siempre; su mundo se fue antes mismo de que llegáramos nosotros que, retomando el testigo, respondemos como sabemos o podemos al mismo reto al que ellos respondieron, al único reto que importa, al de existir para luego morir, como un día nos moriremos nosotros también, y tantas de las cosas que hoy tienen sentido ya nunca más lo tendrán; nosotros que nos iremos y otros de nuevo vendrán, que habitando esta misma tierra, llevando nuestro mismo nombre, hablando nuestra misma lengua, pero diciendo y haciendo cosas prodigiosamente distintas, a su modo lo proseguirán.

*

Tal es el motor que impulsa a los hombres a huir de la soledad en que les sume la modernidad, a sentirse menos solos, menos perdidos en el tiempo, menos abandonados ante la muerte. Tal es el motor a partir del cual toman impulso dos figuras: la del hombre nacionalista y la de este otro hombre que, careciendo todavía de denominación, recibirá en estas páginas la del «hombre comunitario».

El hombre comunitario: el hombre que, ajeno a cualquier fervor nacionalista, afirmando pues su impostergable individualidad, siente sin embargo que la misma no sería nada, que ni él ni nada existiría sin el aliento de la sociedad que nos hace posible existir; sin esa comunidad de hombres y mujeres, de vivos y muertos, de pasado y presente, que es infinitamente más —otra cosa— que la simple adición de sus individualidades de hoy.

Pero ahí se acaba toda similitud entre el hombre nacionalista y el comunitario. Sólo el «motor», el impulso inicial, les une. Todo lo demás les separa. El hombre comunitario se afirma como miembro de una comunidad en cuyo pasado encuentra como una especie de símbolo, de «aliento común» (ni mejor ni peor en sí que el de cualquier otra comunidad afín), una especie de hilo que nos une a quienes, engrandecidos con sus glorias, envilecidos con sus ruindades, habitaron antaño esta misma tierra en la que vivimos, y forjaron esta misma lengua en la que hablamos.

El hombre nacionalista está en las antípodas de tal actitud. No es un mero símbolo lo que descubre en el pasado. («Un mero símbolo»...: como si todo lo fundamental no fuera un asunto de símbolos, imágenes y significados. Pero dejémoslo, y prosigamos.) Lejos pues de encontrar una especie de símbolo o de «aliento» en el pasado, el hombre nacionalista descubre en él la más sólida de las esencias patrias. He aquí —se dice— algo consistente que oponer por fin a la falta de esencias que aqueja a la modernidad: esa época en la que desaparecen los valores sagrados, las instituciones arraigadas, las verdades inquebrantables. Ahí descubre el hombre nacionalista algo que supera por fin la fragilidad tornadiza de los tiempos, algo inalterable con lo que afirmarse y sustentarse.

El problema no estriba tan sólo en esta afirmación de la nación y de la historia como una sustancia inalterable. El problema radica sobre todo en que semejante afirmación se realiza a través de una negación: para el hombre nacionalista, afirmarse a sí mismo implica *ipso facto* negar al otro. Ahí está el auténtico problema: no tanto en lo que el hombre nacionalista afirma, cuanto en lo que, para afirmarse, niega. *El problema no está en la proclamación nacionalista de la identidad, sino en su repudio altanero de la alteridad.*

El problema, concretamente hablando, no está en afirmarse como catalán, o como vasco, o como gallego. El problema está en no poder —en no querer— afirmarse *a la vez* como español.

*

Pero antes de entrar en semejante cuestión, conviene abordar otra. Esta alteridad que todo nacionalismo repudia, puede tomar dos formas sumamente distintas. Una es la alteridad externa, encarnada en las naciones, ya colindantes, ya lejanas, que el nacionalismo, en su modalidad avasalladora, menosprecia o intenta dominar. No es este nacionalismo el que ocupa aquí nuestra atención. Aunque siempre puede renacer (ahí está, por ejemplo, el caso serbio), parece como si tal nacionalismo hubiera casi desaparecido de este mundo occidental en el que tantos estragos causó (basta pensar en el nacionalismo alemán, o en el francés o en el español: aquel que dio precisamente nombre al «Glorioso Alzamiento Nacional»). El nacionalismo del que hablamos aquí —aquel que florece hoy en tantos países occidentales— es de naturaleza distinta. Comparte con el anterior una altivez parecida: ambos están convencidos de que no hay nada mejor en el mundo que pertenecer a una determinada nación: aquélla cuyo poderío (en el caso del nacionalismo imperialista de antaño) se trataba de imponer; o aquélla (en el caso del nacionalismo victimista de hoy) cuya identidad, sojuzgada por otro país, se trata de defender e imponer.

La diferencia es pues considerable. Ya no se trata de conquistar a otros, sino de dejar de estar conquistado por otros. Ninguna ínfula imperialista anida, en efecto, ni en el nacionalismo catalán, ni en el corso, ni en el bretón, ni en el irlandés, ni en el quebequés...[6] Ya no se trata de afirmar el poderío de una nación para imponer a otras su dominio. Se trata, por el contrario, de afirmar la identidad de la nación que pretende desgajarse de otra.

El otro, en ambos casos, es requerido con fuerza para que, repudiándolo, *lo uno* —la unidad, la identidad nacional— se afirme y afiance. Obsesionado, el hombre nacionalista se mira constantemente en el otro: para ver en él como la imagen invertida, deformada, de sí mismo... y romper en trizas el espejo. Ya sea (en el caso del nacionalismo imperialista) *porque somos los mejores, los más poderosos: nosotros, a quienes deben plegarse los otros, los extranjeros, esos* extraños. O ya sea (en el caso del nacionalismo victimista) *porque, aun siendo nosotros los mejores, hemos sido débiles, humillados por esos otros de los que ahora hay que desvincularse, alejarse por fin.*

En ambos casos, la afirmación de la identidad pasa por la negación de la alteridad. Una alteridad

6. La excepción que confirma la regla está constituida obviamente por las ansias de anexión que el nacionalismo vasco experimenta hacia los territorios de Navarra y de la región vasco-francesa.

externa, extranjera, en el caso del nacionalismo imperialista. Y una alteridad *interna* en el caso del nacionalismo victimista: una otredad que está unida al cuerpo mismo de la nación.

Porque todo el problema, para volver al nacionalismo que aquí tomamos como ejemplo, es que esos *otros* de los que pretende desgajarse el separatismo no dejan de ser parte constitutiva de la propia nación. O por decirlo más concretamente: esta españolidad de la que el catalanismo intenta a toda costa desvincularse no deja de ser parte constitutiva, insoslayable, de la misma catalanidad.

III

El nacionalismo frente al utilitarismo

LA ESPAÑOLIDAD... Basta pronunciar la palabra para que veamos aparecer en el rostro de quien la escucha la incómoda mueca de quien se cree envuelto en una polvareda hecha de rancio casticismo, lugares comunes y anquilosadas esencias patrias, aquellas mismas que un día hasta pretendieron ser «imperiales». Por curioso que sea, tiene una cierta lógica: un término como «españolidad» trae recuerdos de aquellos tiempos en que la misma era invocada, con engolada voz, por un nacionalismo cuyos esperpentos se esparcían, grotescos y siniestros, por todo el país: no sólo por aquellas regiones a las que trataba de dominar y que hoy denominamos nacionalidades.

Pero aquellos esperpentos ya han desaparecido desde hace años; el nacionalismo —al menos en su versión «imperialista»— es uno de los demonios que han dejado de ensañarse con este país, y no hay razón alguna de que la idea de españolidad siga arrastrando todo ese lastre con el que se vio embarrada hasta hace poco.

La españolidad, como cualquier identidad, no significa otra cosa que un determinado espíritu, un cierto talante, una determinada forma de ser en el mundo, un saberse marcado por un cierto pasado, un sentirse forjado por una determinada lengua. Y ese talante denominado españolidad (y que en otros lugares cabría denominar «germanidad», «francidad», «italianidad»...) no se diluye en absoluto (como no se diluyen las diferentes lenguas, los diversos pasados, los múltiples paisajes, los distintos talantes) por la integración de las naciones europeas en la estructura económica y política que, englobándolas, sella el fin de viejos odios y rencores, pero no la desaparición de sus múltiples identidades.

Una cosa, en efecto, son las estructuras que toma la organización política o económica de las sociedades; y otra muy distinta, los vínculos y símbolos por los que —a través de los sentimientos, la lengua, la historia que les une— los hombres superan su aislamiento individual, se constituyen y afirman como miembros de una colectividad (en sí, ni mejor ni peor que las demás: solamente distinta, más propia que las demás).

Los vínculos que configuran a una colectividad no son las «monsergas» que se imagina el hombre utilitario e individualista de hoy. Son algo extraordinariamente serio. Tanto, como para que, ante el auge que el nuevo nacionalismo experimenta en nuestras sociedades, quepa formularse la siguiente pregunta: este nacionalismo que se ha transformado de imperialista en separatista; de arrogante en victimista; de agresivamente lanzado a la conquista exterior, a resentidamente encerrado en la reconquista interior; semejante nacionalismo, ¿no constituye, en el fondo, una especie de reacción ante los valores que conforman la sociedad pragmática de hoy?

*

¿Cuáles son estos valores?

Acabo de nombrar el pragmatismo. Pero el utilitarismo o pragmatismo, junto con todo el arsenal técnico puesto a su servicio, constituye, más que un valor en sí, un instrumento puesto al servicio del núcleo de valores que fundamentan a nuestra época. Toda cultura vive en torno a un conglomerado de valores y principios que la articulan, que le dan sentido. Y si en la Edad Media, por ejemplo, este núcleo estaba constituido por el culto a Dios y a su religión; o en Grecia y el Renacimiento, por el culto a la belleza y al saber, es evidente que no son estos últimos valores —presentes hoy como meros ornamentos prestigiosos o como elementos adicionales de nuestra cultura— los que definen a los hombres que vivimos y morimos en los albores del tercer milenio.

El valor fundamental que nos rige es el culto a la vida entendida como entidad física o biológica: a la vida que, para el hombre de hoy, alcanza todo su sentido a través de un bienestar material en cuya consecución hemos alcanzado, qué duda cabe, las cimas más altas de la historia. Unas cimas, ascendiendo a las cuales parece como si se desvaneciera la otra vida: aquella que, en lugar de ser posibilitada, se ve menoscabada por la sociedad del bienestar: la vida llena de inquietud y de búsqueda, de ansia por la plenitud de existir, de afán por el sentido del pasado y del presente, del vivir y del morir: por todo aquello sin lo cual carece de sentido la vida de un organismo humano, por más longevo que sea y por más sano y ahíto de alimentos y esparcimientos que esté.

Nuestro bienestar es inmenso, el mayor de todos los tiempos. De estar, estamos de lo mejor. Pero ¿de ser?... ¿Qué pasa con el *ser*? ¿En qué consiste, en que queda, en qué se diluye el ser de las cosas, del mundo, de nosotros? ¿Qué somos? ¿Sólo somos, sólo vivimos para producir, consumir y morir?... ¿Qué significa *ser*: ser nosotros mismos, como individuos y como colectividad?

Una especie de vacío se abre hoy ante semejante pregunta: un vacío tanto más angustioso cuanto que nadie formula siquiera la pregunta. El vacío está ahí: y ante él se alza, confuso y desesperado, el grito del hombre nacionalista de hoy. Intenta llenar el abismo, ser algo, salvar su lengua, recrearla, amarla, reivindicar los símbolos, mantener tensos los lazos que tejen el ser más íntimo de una colectividad. Digámoslo sin retórica alguna, con total sinceridad: ¿cómo no inclinarse con intensa emoción ante semejante gesto, cómo no saludarlo hasta con esperanza? ¿Cómo no reconocer, por ejemplo, la grandeza de esta sociedad catalana que ha rescatado de las cenizas una de sus dos lenguas; esta sociedad que ha afirmado toda su especificidad frente a la grisura de ese mundo globalizado en el que todo se uniformiza?

Rescatar una lengua, impedir que perezca, vivir y luchar —ser— por ella, por esta pequeña lengua que, hablada por unos tres millones de personas,[7] carece del menor sentido tanto para la producción industrial de mercancías como para la producción, cada vez más multinacional, de esparcimientos denominados «culturales». Empeñarse pues con tanto ahínco en algo que no tiene utilidad práctica alguna, ¿no constituye uno de los gestos más insolentes que quepa imaginar hacia los ídolos que nos dominan, hacia aquellos valores de los que este mismo pueblo —generalmente tildado de ahorrativo y productivo— no deja de estar, por otra parte, imbuido?

*

¿Cómo no estremecerse de gozo ante el espectáculo, grandioso e insólito, de una sociedad que, movida por semejante aliento colectivo, vibra y palpita en torno a algo como la lengua?

Y, sin embargo, no. El gozo se acaba pronto: tan

7. De los seis millones de habitantes que pueblan hoy Cataluña, la mitad aproximadamente son castellanohablantes.

pronto como constatamos que, para rescatar y mimar a una de sus dos lenguas, esta misma sociedad catalana se siente obligada —al igual que todas las demás sociedades de parecido signo— a desdeñar su otra lengua, su otra identidad.

Entendámonos: nadie, ni el más acérrimo independentista aboga por la locura que significaría abolir hoy el uso del español en Cataluña. «Quizá si se pudiera...» Pero no se puede, es manifiesto; peor aún: sería nefasto. ¿En qué idioma se comerciaría entonces con el resto del «Estado español»? ¿En cuál se atendería a los millones de turistas que cada año nos visitan?... Es evidente: no hay forma de abolir, hoy por hoy, la presencia del español en Cataluña. Y ante tal imposibilidad, se impone pues la cordura —el famoso *seny* que, junto a la impulsividad denominada *rauxa*, caracteriza a este país—. Es la cordura, el sentido común lo que hace que ni los más exaltados nacionalistas pongan en cuestión el uso del castellano en Cataluña.[8]

8. A lo largo de este ensayo se emplean indistintamente los términos 'español' y 'castellano' para designar al idioma hablado en España e Hispanoamérica. Sólo el término 'castellano', sin embargo, es hoy de uso corriente en Cataluña: hasta el punto de que casi resulta chocante o curioso utilizar el de 'español'. Parece como si, al enfatizar en tal grado el nombre de la región que dio origen a la lengua común, se quisiera subrayar el carácter pretendidamente ajeno, extraño, de la misma.

El uso de una lengua... La frase es tan banal que la aceptamos sin más. Y, sin embargo, semejante formulación nos obliga a reflexionar. ¿Qué es en efecto la lengua? ¿Es realmente algo que *se usa*? ¿Es como un utensilio con el que obtener utilidades, perseguir fines? ¿O es en sí misma un fin? ¿No es acaso el fin de todos los fines? Sumidos en la lengua, llevados por ese aire con que la lengua lo envuelve todo, ¿no es así, y sólo así, como existen esas cosas denominadas «sentido», «ser», «mundo»?

Que la lengua es sólo un instrumento, intercambiable pues por cualquier otro; sustituible, por ejemplo, por una de estas imágenes de la industria audiovisual que, como se dice, «valen más que mil palabras»: tal es la concepción que hoy nos domina; la comprensión de la lengua como «mero instrumento de comunicación». Por supuesto que la lengua también es esto; por supuesto que también sirve para transmitir útiles (o inútiles) informaciones. Lo que sucede es que dicha transmisión sólo es una función, una aplicación de otra cosa. Y esta otra cosa —la palabra en cuanto tal— no tiene nada que ver con la instrumentalidad de la lengua.

«La palabra», como decía Heidegger, «no es tan sólo un instrumento que, entre muchos otros, posee el hombre». La palabra, por el contrario, «proporciona al hombre la primera y capital garantía de poder mantenerse firme ante el conjunto de todo lo que es».[9] «La palabra —el más precioso de todos los bienes—», decía a su vez Hölderlin, «le ha sido dada al hombre a fin de que pueda atestiguar que ha heredado lo que es».

Resulta curioso que algo tan rudo como el nacionalismo, algo que se encuentra a mil leguas de parecidos pensamientos, no deja de intuir en cierto modo lo que es la palabra. Actúa, en todo caso, como si lo intuyera. ¿Qué hace, en efecto, el nacionalismo? Toma la palabra, se abraza a la lengua, y llevándola entre sus brazos, la planta en el centro del mundo. Ahí está la faz luminosa, grande, encomiable del nacionalismo. Todo el problema —el drama— consiste en que semejante grandeza se transforma en miseria tan pronto como aparece —y aparece *ipso facto*— la pequeñez, el encerramiento sobre sí mismo del que es inseparable.

Sigamos con nuestra ejemplificación catalana. El drama del catalanismo no estriba en absoluto en poner la lengua catalana en el centro de la existencia, ahí

9. Heidegger, *Höderlin und das Wesen der Dichtung*, Bacca Klostermann, Frankfurt, 1988, 5.ª ed., págs. 37 y 45.

donde late el corazón de los hombres. El drama consiste en arrancar de este mismo corazón su otra lengua, su otra identidad.

Entendámonos de nuevo: no estoy hablando solamente de arrancar la identidad de la mitad de la población catalana, la de estos tres millones de castellanohablantes emigrados desde hace años a Cataluña. De lo que estoy hablando es de diezmar la identidad de Cataluña misma, la de esa Cataluña que posee la dicha —si lo aceptara con gozo— de ser intrínseca y ancestralmente dual.

Pero es esto precisamente lo que no se acepta. Sólo se tolera, sólo se acoge con esta inmensa tolerancia que constituye, no cabe duda, una de las mayores virtudes cívicas de este país. Felicitémonos por tal tolerancia. Es ella la que permite, por ejemplo, que no se haya producido todavía ninguna verdadera fractura social (sólo grietas) entre las dos comunidades lingüísticas que conforman Cataluña. La tolerancia —por ambas partes— es lo que permite que una sociedad asentada sobre lo que podría constituir un auténtico polvorín, lo desactive y dé muestras de una convivencia que, a pesar de las tensiones que ya se manifiestan, no deja de ser ejemplar.

La tolerancia es una gran virtud, qué duda cabe. Pero ¿qué significa en realidad esta hermosa palabra: *tolerar*? «Yo tolero que tú me hagas tal o cual cosa», decimos corrientemente: yo tolero algo que no me gusta en lo más mínimo..., pero que me veo obligado a aceptar. Tolerar significa aguantar, soportar lo distinto, lo opuesto, lo otro..., pero sin enconarse, con buen talante: todo lo contrario, pues, de acogerlo, de hacerlo suyo.

Y si la tolerancia hace por ejemplo que se reconozca como catalán a toda persona que, independientemente de su origen y su lengua, «vive y trabaja en Cataluña», ello no significa en absoluto que se acoja como consustancial a la catalanidad la presencia en Cataluña de la lengua común. Se la acepta, se la tolera, pero sin alegría ni placer. El planteamiento que efectúa al respecto la gran mayoría de la población genuinamente catalana es, en efecto, inequívoco (otra cosa es que consideraciones de oportunidad y, precisamente, de tolerancia hagan que casi nunca se formule con tan abrupta claridad).

Este planteamiento dice así: *Como no nos queda desgraciadamente más remedio* (dicen los más radicales); *como las cosas son lo que son* (se piensa más comúnmente), *aceptemos pues que se siga usando en Cataluña el español. Pero no es en nuestro corazón donde va a latir. Que a nadie se le ocurra considerarlo como nuestra otra y simultánea identidad.*

¿Tan pequeño es, pues, nuestro corazón de catalanes? ¿Sólo cabe en él una lengua, un amor, unas únicas señas de identidad? ¿Tan poco amamos la pluralidad, la diversidad de un país, uno de cuyos principales poetas ha podido decir: *«Diverses són les paraules i diversos els homes, / i convindran molts noms a un sol amor»?*[10] ¿Así de reducidos, de encerrados en nosotros mismos, nos queremos de pronto volver? Ahora que acabamos de hacer algo tan grande como reconquistar una lengua, aquella de la que nos hemos visto injustamente privados durante tantos años, ahora precisamente, ¿vamos, por voluntad propia, a perder la otra? Y perder una lengua —reducir el español a sus funciones utilitarias, convertirla en simple lengua de uso— significa también, significa quizá ante todo: perder una poesía.

*

No me refiero a esta expresión del arte que se llama poesía o, más generalmente, literatura. Estricta-

10. «Diversas son las hablas y diversos los hombres, / y convendrán muchos nombres a un solo amor.» Salvador Espriu.

mente hablando, la misma no concierne para nada a la sociedad; o mejor dicho: a ninguna de las que hoy existen. En el mejor de los casos, la poesía —el arte en general— sólo concierne a la sociedad en forma de un refinado esparcimiento de las masas que la integran. Que éstas, pues, respiren tranquilas. Nada de lo que se debate en la cuestión lingüística de Cataluña (del País Vasco, o de donde sea) hará cambiar la situación al respecto. Pase lo que pase, el estremecimiento de la palabra poética nunca (ni en Cataluña ni en sitio alguno) enturbiará o afectará al aire suave y vacuo de nuestro tiempo. Para ello sería preciso que fueran los tiempos mismos quienes cambiara radicalmente de signo.

A quienes sí afecta el estremecimiento de la poesía es a esa fracción, socialmente irrelevante, de curiosos personajes denominados «letraheridos».[11] Pero nosotros, aquellos que en Cataluña nos estremecemos tanto ante un Ausiàs March como ante un Quevedo, tanto ante un Espriu como ante un Lorca, nosotros seguiremos leyéndolos y estremeciéndo-

11. Una de las principales ventajas de esa dualidad que es el bilingüismo consiste en poder aprovechar en una de las dos lenguas las invenciones más fulgurantes de la otra. Así ocurre con el término *lletraferit*, carente de toda correspondencia en español, como no sea mediante la importación del neologismo, cada vez más extendido por lo demás, de *letraherido*.

nos por igual el día en que la lengua española deje de fluir como una de sus dos sangres por el corazón de Cataluña. Otra cosa es que, privados del caldo de cultivo de su lengua, dejen de surgir entonces los Marsé, Mendoza, Vila-Matas, Azúa y tantos otros: toda esa plétora de escritores castellanohablantes de Cataluña acerca de cuya posible desaparición, es cierto, tampoco vale la pena especular. Un asunto parecido sólo se juega a varias generaciones vista, y ninguno de nosotros llegará hasta presenciar tal desaparición el día en que acabe desvaneciéndose el bilingüismo, hoy todavía pujante, de Cataluña.

Lo que se pierde cuando una sociedad arranca de su corazón el bilingüismo, cuando reduce una de sus lenguas a meras funciones de comunicación y mensajes, es aquello que uno pierde también (o más exactamente: que uno nunca consigue) cuando aprende, por más esmeradamente que lo haga, un idioma extranjero. Lo que se pierde en ambos casos es el aliento vital, el alma poética, el «genio» de una lengua que se convierte entonces en un idioma artificial, en una lengua cuya poesía oscura ya no rezuma por todos los poros de la vida, ya no late en el aire mismo que respiramos: se transforma en una lengua que sólo produce acompasadas palpitaciones en el trajín de los trabajos, negocios y comunicaciones.

*

Nada de esto, sin embargo, es nuevo en Cataluña: ese país que ya tiene tras de sí una larga experiencia histórica en la denegación del bilingüismo que lo conforma, en el apartamiento de una de sus dos lenguas. La diferencia consiste en que la lengua que en otros tiempos se vio relegada por los propios catalanes no es otra que el catalán: esta misma lengua que ahora se siente y se vive como la única dimensión de nuestra identidad.

Puesto que la historia y sus agravios juegan en el nacionalismo el decisivo papel que sabemos, hablemos un poco de historia. Por supuesto que esta relegación del catalán se produjo, en 1714, a raíz de una derrota militar y de la consiguiente e injustificable abolición por parte de la nueva monarquía borbónica de las instituciones políticas y culturales específicas de Cataluña.

Todo esto es suficientemente sabido, y ni el autor de estas páginas ni nadie, en realidad, lo pone lo más mínimo en tela de juicio. Ahora bien, sólo la obstinación nacionalista puede considerar atribuible a la mera represión exterior algo como el que en una sociedad se desvanezca, como se desvaneció en Cataluña, el latir vivo de una lengua durante casi dos siglos: estos cerca de doscientos años en que el catalán se vio reducido a ser lengua de uso coloquial entre las clases más populares.[12]

No se puede reducir al mero sometimiento exterior algo como el decaimiento de una lengua durante un tan dilatado período. La represión nunca es todopoderosa. Nada pueden coerciones y prohibiciones, si lo que se pretende con ellas no encuentra algún eco entre aquellos a quienes se aplica; si no se da algún tipo de connivencia (así sea tácita) por parte de la sociedad. La represión por sí sola no puede nada. Como nada pudo, por ejemplo, el general Franco cuando intentó erradicar el catalán de Cataluña con una saña mucho mayor que la de los monarcas borbónicos (una saña, en todo caso, mucho más eficaz: la de quien posee los medios modernos de comunicación).

12. Quedaría también por preguntarnos cuál era en realidad la situación lingüísticamente imperante en la sociedad catalana durante los dos siglos anteriores a la pérdida de la autonomía en 1714. Pero la historia —la conocida, la de dominio público— pasa un curioso velo sobre la pujanza respectiva de las dos lenguas en aquel país suficientemente alicaído como para no haber producido en ninguno de ambos idiomas ninguna obra digna de mención, con la salvedad de Boscán y Luis Vives (los dos primeros escritores catalanes que escriben en castellano), así como de las imprentas de libros que, editados en este mismo idioma, Don Quijote descubre y saluda al llegar a Barcelona.

IV

El maniqueísmo: o la imposible asunción de la dualidad

¿Es en realidad posible el bilingüismo? Pero ¿qué debe entenderse por bilingüismo?

No entendamos por bilingüismo lo que habitualmente se entiende: la simple coexistencia de dos idiomas en una misma sociedad, cualquiera que sea la situación de ambos, una situación en la que, por regla general, predomina uno de ellos en detrimento del otro. Entendamos en cambio por bilingüismo lo que ya se ha apuntado a lo largo de las páginas anteriores: la presencia viva de dos lenguas —y lo que conllevan: dos identidades, dos culturas— en el seno de una misma sociedad; su coexistencia, por tanto, en condiciones de igualdad: sin ningún dominio de la una sobre la otra.

Con otras palabras: sólo es auténticamente bilingüe aquella sociedad en cuyo aire se respira, fluye espontáneamente el aliento, el alma, el «genio poético» de ambas lenguas. Y cosa distinta, que no empaña lo anterior, es que ciertos miembros de tal sociedad hagan o sientan «más suya» una de ambas lenguas; y otros, la otra.[13]

¿Es posible, entendido de tal modo, el bilingüismo? Si consideramos la inmensa mayoría de sociedades en las que coexisten hoy dos idiomas, la respuesta parece tener que ser rotundamente negativa. Tomando el término *bilingüismo* en el sentido profundo que se acaba de precisar, la conclusión parece imponerse: ninguna de las sociedades pretendidamente bilingües lo es en realidad.

Hagamos un somero repaso. Como luego tendremos ocasión de verlo más detenidamente, no existe bilingüismo alguno en Bélgica: los unos piensan, aman y hablan exclusivamente en francés; los otros, únicamente en flamenco. Sólo la población flamenca de Bruselas (menos de un veinte por ciento de los habitantes de la capital), así como un número notable de intelectuales flamencos logra expresarse en francés a un nivel bastante aceptable. Lo mismo sucede en Quebec (donde la situación es bas-

13. La igualdad de consideración, el arraigo de ambas lenguas, una «más suya» para unos; otra, para otros: tales son las ideas esenciales expuestas por Pedro Laín Entralgo en un luminoso artículo (*El País*, 13.9.1996) que ha significado el punto de partida de las presentes reflexiones.

tante similar) por lo que respecta al manejo del inglés por parte de los intelectuales francohablantes. Tampoco se puede calificar de bilingüismo (en el sentido precisado) la coexistencia del gaélico y del inglés tanto en Irlanda como en Escocia, o la del galés y el inglés en Gales. Lo mismo puede decirse en cuanto a la situación del bretón, del çorso y demás lenguas minoritarias en Francia. Por lo que respecta al Magreb, el mismo constituye un caso aparte: si bien entre las clases medias y altas se da un muy alto dominio del árabe y del francés, se trata en realidad de un dominio puramente lingüístico, el cual nunca ha permitido superar toda la distancia que media entre dos culturas e identidades tan distintas como las subyacentes a ambas lenguas.

Como quiera que sea, el panorama existente al respecto es ciertamente desolador. Y, sin embargo, este panorama cuenta todavía con una notable excepción: la sociedad catalana.

Nadie, es cierto, parece tener conciencia de ello, pero lo que en el fondo se debate hoy en Cataluña es nada menos que esta cuestión: la posibilidad —la voluntad también— de llevar a cabo (o no) algo que significaría una extraordinaria creación, una auténtica innovación social-histórica.

Todo permite conseguirlo, todo apunta a que sí, a que semejante milagro no constituye ninguna utopía: es posible, es realizable..., si se quiere (en los dos sentidos de la palabra *querer*: si se desea hacerlo y si se estima aquello que se podría conseguir). ¿Cómo, en efecto, no sería posible que el aire mismo de Cataluña estuviera impregnado por sus dos lenguas, atravesado por ellas en condiciones de igualdad? ¿Cómo no sería posible... cuando semejante aire es el que todos y cada uno de nosotros respiramos día a día?

Las actuales generaciones de catalanohablantes adultos nos hemos criado respirando un aire atravesado por nuestras dos lenguas..., pero en condiciones de inicua desigualdad. Este aire dual lo hemos mamado desde nuestra infancia y juventud. Y lejos de intoxicarnos, nos hemos enriquecido y engrandecido, pese a la injusta, intolerable situación que sufría entonces el catalán. Pensemos por ejemplo en aquellos patios del colegio de nuestra infancia, en aquel vigoroso ejercicio de gimnasia mental que realizábamos, sin darnos cuenta siquiera, mientras pasábamos constantemente, según fuera nuestro interlocutor, de una lengua a la otra de las dos que dominábamos..., o mejor dicho: que entonces *sentíamos* como auténticamente propias.

Es cierto: nuestro dominio de ambas lenguas no era idéntico, no recibíamos ninguna enseñanza en catalán, nuestro vocabulario era obviamente mucho más rico en español. Y, por ello, el catalán lo leíamos mal, lo escribíamos peor, experimentando aquella pesadilla de no tener más remedio que escribir en castellano a los amigos, ¡a los padres incluso!, con quienes hablábamos habitualmente en catalán.

Pero esa absurda e inicua situación ya se ha acabado del todo y desde hace tiempo. Más que en ella, pensemos pues en lo que ha sido Cataluña desde la transición a la democracia, en lo que (pese a todo) es todavía hoy, en lo que podría sobre todo ser mañana a partir del momento en que se normalizara una situación lingüística... que hoy se ha vuelto de nuevo totalmente anormal. Y «normalizarse» significa todo lo contrario de lo que pretende el nacionalismo cuando usa y abusa de dicho término. La normalización lingüística no puede significar que se establezca una situación en la que (con independencia del estatuto cooficial de ambos idiomas) sólo el catalán tenga la consideración de «lengua propia de Cataluña». Porque no lo es. Porque la realidad indica que, tanto histórica como socialmente, ambas lenguas nos son igual de propias.

Pensemos pues en este país por cuyas calles basta hoy pasearse para sentir la constante presencia de estas dos lenguas que con la mayor naturalidad del mundo impregnan con su luminosidad el aire.

Pero semejante impregnación no basta para hacer que un país sea bilingüe en el sentido que hemos apuntado. Semejante impregnación —que es de naturaleza factual; que constituye la consecuencia de toda una serie de condicionantes históricos y sociológicos— sólo significa que Cataluña tiende hacia un bilingüismo auténtico; sólo significa que puede alcanzarlo... o lo podría, si así lo quisiera el querer mayoritario de su gente.

Pero no lo quiere; he ahí toda la dificultad. Lo que quiere la inmensa mayoría de la gente genuinamente catalana, como ya dijimos, es una especie de «bilingüismo cojo», una situación en la que el catalán fuera la lengua dominante, la única que latiera y viviera auténticamente, por más que se siguiera usando el castellano en aquellos ámbitos en que resulta inevitable emplearlo. Es el propio *Estatut de Catalunya* el que plasma tal sentir con inequívoca claridad cuando proclama al catalán como única «lengua propia de Cataluña» para, acto seguido, inclinarse ante el principio de la cooficialidad de ambos idiomas.

Tal es el sentir mayoritario entre la población genuinamente catalana. Pero ¿cuál es el que anida en la otra mitad de la población? ¿Qué piensa, qué desea, cómo reacciona esta gente venida (hace una, dos o hasta más generaciones) de otras partes de España, pero acogida, integrada plenamente en Cataluña?

¿Qué piensan los «otros catalanes», ésos cuyo idioma no es considerado, sin embargo, como lengua propia de Cataluña? ¿Aspiran también ellos a un bilingüismo cojo... *pero en sentido inverso*? ¿Desearían que, aun manteniéndose la cooficialidad de ambas lenguas, fuera el español el que se impusiera en detrimento del catalán?

No lo parece. Tal vez por la misma composición social de esta población, tal vez porque no son ni se sienten activos hacedores del país, lo cierto es que tales cuestiones no parecen preocuparles en demasía. Sin duda, desearían que sus hijos pudieran recibir una enseñanza en su «lengua propia» que no se limitara a unos escuálidos cursos de «gramática y lengua castellana». Pero, aunque por primera vez esté aflorando ya el malestar, en realidad tampoco se rebelan, y (como es bien comprensible) ni siquiera recurren a la posibilidad de solicitar que sus hijos sean segregados y arrinconados en secciones especiales en las que, aun recibiendo cursos de lengua catalana, su escolarización se realizaría en castellano. Lo que ellos desean es integrarse, ascender socialmente; y saben muy bien que tal empeño pasa por el aprendizaje y dominio del catalán: único medio, por lo demás, de que Cataluña pueda convertirse en el país realmente bilingüe que nunca sería si la mitad de su población siguiera sin dominar el catalán.

Si tal es pues la situación; si ambas lenguas siguen impregnando el aire, fluyendo con naturalidad y, en el fondo, sin (de momento) mayor crispación; si, por otra parte, los derechos autonómicos de Cataluña están plenamente reconocidos por un Estado de corte profundamente federal, ¿dónde está entonces el problema?

Para decir la verdad, no existe hoy por hoy (otra cosa puede ser mañana) ningún problema, ninguno grave en todo caso…, o no existiría si el nacionalismo no considerara precisamente que sigue habiendo un problema de fondo, un conflicto que el Estado de las autonomías no ha resuelto; si el nacionalismo no pensara, dicho de otro modo, que la situación existente es profundamente insatisfactoria, que sigue abierto todo un contencioso entre Cataluña y España (o el «Estado español», como la llaman).

¿Cómo es posible? ¿Qué malestar pueden aún sentir los nacionalistas cuando la autonomía obtenida es una de las mayores existentes en cualquier Estado federal? Su malestar es ante todo de naturaleza simbólica (lo cual no significa que no sea real: los símbolos son cualquier cosa salvo «monsergas»). El malestar de los nacionalistas no afecta tanto a la *cantidad* de autonomía disfrutada, como a su forma y a sus símbolos. Lo que les duele, tanto en Cataluña como en el País Vasco, es que la autonomía ha sido *concedida*: proclamada por las Cortes de Madrid y refrendada en ulterior referéndum celebrado a escala de toda España. La autonomía no se basa, dicho con otras palabras, en una disposición propia, en la «autodeterminación» por la que unos pueblos soberanos podrían libremente decidir su articulación con el «Estado español»... o su independencia del mismo.

Pero no son las cuestiones jurídico-políticas por las que se articula un Estado las que aquí nos interesan. Son las cuestiones por las que se articula, desde la lengua hasta los sentimientos, una sociedad, una comunidad. Volvamos a la situación catalana. Si dejamos provisionalmente de lado el conflicto que los nacionalistas sienten abierto aún en carne viva, si hacemos abstracción también del malestar que la política lingüística no deja de provocar en la población castellanohablante, hemos de reconocer que, en realidad, el verdadero problema de Cataluña no se plantea hoy, sino que se planteará mañana: en un futuro que, como decíamos, se juega a varias generaciones vista y que se ve gravemente puesto en peligro por la política del nacionalismo, y muy en particular por todo lo que representa su acción en materia lingüística y escolar.

*

Reflexionemos pues acerca de dicha política y de las consecuencias que a largo plazo puede acarrear. O más exactamente: de las consecuencias que quienes la han promulgado pretenden muy explícitamente que acarree.

Como se sabe, dicha normativa establece, como principio general, la obligación de que toda la enseñanza, tanto pública como privada, se imparta exclusivamente *en* catalán, con la única salvedad de los cursos *de* lengua castellana, contemplándose, como ya se dijo, la posibilidad de que los padres que así lo deseen, soliciten expresamente que sus hijos sean segregados del grueso del colegio y reciban la enseñanza en español.

Pensemos un poco en las consecuencias que a largo plazo puede engendrar semejante situación.

El problema fundamental, a corto o largo plazo, no estriba en la «inmersión lingüística» de que son objetos los niños y jóvenes castellanohablantes. Si de lo que se trata es de conseguir un país auténticamente bilingüe en el que sus dos lenguas sigan fluyendo como su savia propia, dicha inmersión en el catalán es tan necesaria como legítima. Cuestión distinta, sin embargo, es la pretensión de que tal inmersión sea total, cuando el mismo objetivo se conseguiría —mucho más rica y armoniosamente— si se compartieran las asignaturas dándose unas en catalán y otras en castellano.

Es evidente el perjuicio que se ocasiona a un alumno castellanohablante escolarizado exclusivamente en catalán. La riqueza, la creatividad de su español se va a resentir inevitablemente. Pero su lengua materna nunca se perderá, seguirá viva y pujante, pues el entorno social y familiar prima siempre sobre el escolar, y este entorno, en los grandes concentraciones urbanas de la Cataluña castellanohablante, sigue dominado por el español; y si algún día, como es de desear, el catalán se enraíza también ahí, nunca lo hará de forma única y excluyente.

Ahora bien, ¿qué sucede, o mejor dicho: qué sucederá en el resto de Cataluña? Pensemos en estos niños y jóvenes cuyo entorno familiar y social es exclusivamente catalán, cuya enseñanza (con la salvedad de la asignatura denominada «lengua castellana») se imparte exclusivamente en catalán. Pensemos en estos niños y jóvenes convertidos ya en mayores. ¿Qué español podrán dominar, amar?... ¿Podrán acaso sentirse profunda, vívidamente inmersos en él? ¿Cómo lo podrían cuando, independientemente de su formación lingüística, vivirán en una sociedad en la que todas las actividades, medios de comunicación, negocios, relaciones, odios y amores... se expresarán —si se logran los objetivos nacionalistas— casi exclusivamente en catalán?

Aun entonces la fuerza de un idioma como el español (esta pujanza que tanto duele a los nacionalistas) hará que lo sigan conociendo los niños y jóvenes hoy formados exclusivamente en catalán. Pero ¿en qué grado, de qué manera?... Ahí está el problema. Algunos, los más cultos, incluso lo podrán hablar muy correctamente; otros, la mayoría, lo hablarán —quizá tuviera que decirse: lo balbucearán— para hacerse más o menos entender. Pero en ningún caso será ya su lengua, su otra lengua propia, sentida, amada como tal.

Se habrá cercenado entonces toda una mitad de su ser. Pero tales efectos no serán lamentables efectos derivados de la actual política lingüística (refrendada, con una sola excepción, por todos los partidos políticos de Cataluña): serán los efectos muy expresamente perseguidos y anhelados como tales.

Un ejemplo histórico nos permitirá rebatir la lastimera queja del nacionalismo cuando pretende que el riesgo es exactamente el opuesto; cuando afirma que el peligro es el de que, frente al ímpetu universalista del español, se vea menoscabada («desaparezca», se llega incluso a decir) una lengua minoritaria como el catalán.

Es éste, afortunadamente, un riesgo de todo punto imaginario. Así lo ilustra, en Bélgica, el caso del flamenco: una lengua minoritaria que vívidamente compartida antaño con el francés en las ciudades de Flandes, no sólo ha acabado recuperando sus legítimos derechos; también ha acabado haciendo que, en la actualidad, el francés haya desaparecido casi por completo de Flandes, donde, tras el auge nacionalista experimentado en los últimos cincuenta años, el francés ya es sólo hablado por un puñado de intelectuales y por el personal del sector turístico.

El ocaso del francés en Flandes hará sin duda las delicias del eventual lector nacionalista de estas páginas. Con ello tal vez se sienta compensado por haber perdido uno de sus más conspicuos lamentos: la casi inevitable desaparición de una lengua minoritaria frente a otra de ámbito universal.

Es cierto que los nacionalistas más moderados —los mayoritarios— no querrían sin duda que en Cataluña le sucediera al español lo que en Flandes ha pasado con el francés. Pero poco importa esta diferencia de intensidad entre el nacionalismo radical y el moderado. En ambos casos el objetivo es el mismo: acabar en Cataluña con el bilingüismo auténtico, es decir: con la coexistencia simultánea, en pie de igualdad, de *nuestras dos lenguas propias*. Con lo que se quiere acabar es con esta duplicidad en cuanto a la lengua y a la identidad, que existente desde hace siglos, ha adquirido desde la transición su pleno reconocimiento institucional; esta dualidad que está ahí, que nos constituye, que con tanta facilidad podría definitivamente consolidarse... si así se quisiera.

Pero no se quiere: ahí está el problema. Lo que se desea es convertir la dualidad en unidimensionalidad: establecer la hegemonía de una sola de las dos vertientes que constituyen la catalanidad.

*

Y quien dice catalanidad puede decir igualmente vasquidad o galleguidad. Ésta es la cuestión que se debate en el fondo del actual conflicto que sumerge a España: qué somos, qué clase de país constituimos. ¿Quiénes lo integramos? ¿Todas sus partes históricamente constitutivas? ¿O hay que substraer de España —de su cultura, de sus señas de identidad— a tres de dichas partes, a esas regiones que, para dar fe de su especificidad, hoy denominamos nacionalidades?

Lo que menos importa en el fondo es que las mismas acaben consiguiendo la independencia política, o que por el contrario sigan vinculadas de una forma u otra —confederalmente asociadas, por ejemplo— al «Estado español». Lo que menos importa es la forma de esta estructura jurídico-política que denominamos Estado. ¿Qué importaría, en el fondo, que se produjera un día la independencia política, si ya se ha producido la afectiva, la cultural? Lo esencial son los sentimientos, las ideas, las imágenes y ansias por los que los hombres de una sociedad se sienten (o no) partícipes de la misma, se afirman como integrantes de una colectividad compuesta por individuos que, a su vez, son transcendidos por ella: por esta comunidad henchida de memoria y de presencia, por esta vinculación con nuestros contemporáneos y nuestros antepasados a la que denominamos nación.

Y es este vínculo —infinitamente más profundo que el de cualquier estructura jurídico-política— el que, en lo tocante a la nación española, se está rompiendo (si es que no está ya roto) en el País Vasco, Cataluña y, en menor medida, Galicia.

Una nación, una colectividad: un sentirse afín, ligado por encima de particularidades, diferencias y oposiciones a los hombres que la integran; a sus grandezas, trivialidades y vilezas. A las de hoy y a las de ayer: un sentirse partícipe de ese pasado a través del cual hoy somos y mañana otros serán.

Éste es el sentimiento, el vínculo que la mitad de

vascos y catalanes ya sólo sienten hacia sí mismos. No hacia España.

Si el término «español» se ha convertido en el País Vasco en poco menos que en un insulto, no se puede, es cierto, decir lo mismo de Cataluña. Pero da igual. La desvinculación afectiva respecto a lo español es en Cataluña casi igual de pujante, por más que se exprese por lo general de manera civilizada, sin exabruptos ni improperios. El pasado que sienten como realmente suyo los catalanes (la mitad de los mismos, para ser más exactos) es exclusivamente el pasado de Cataluña. La lengua y la comunidad a la que se sienten realmente vinculados es sólo la catalana. Hacer suyas, por ejemplo, las gestas y hazañas de Jaume I o de Güifre el Pilós significa haber dejado de sentir como igualmente propias las del Cid o de los Reyes Católicos.

¿Por qué?

La necesidad de llenar el vacío que se abre bajo los pies del hombre moderno; la sed de descubrir algo —algo por fin noble, grande, enaltecedor— que dé sentido a nuestras vidas; el ansia por envolverse en el calor de una comunidad, por alejarse de la vociferante y promiscua soledad moderna; el afán por tender un hilo entre los muertos y los vivos, por no dejarlos tan muertos y solos como la ausencia de pasado nos dejará a nosotros un día: he ahí lo que, soterrado en el alma del hombre nacionalista, le mueve sin duda y permite comprender su gesto. Es más, he ahí lo que permitiría incluso admirar ese gesto si, para afirmar las cosas que afirma, el hombre nacionalista no considerara necesario negar las muchas otras que niega.

¿Por qué las niega? ¿Por qué reniega de España el hombre nacionalista catalán (o el vasco)? ¿Qué sentido tiene hacerlo si lo que se quiere es afirmar las raíces vascas o catalanas? ¿No salta a la vista que tales raíces carecen de todo sentido si se las priva de lo que durante quinientos años ha sido su componente española? ¿Por qué, en una palabra, todo este delirio en pos de la unicidad cuando se tiene entre las manos la más profunda dualidad?

Sin duda porque algo se opone visceralmente, en el ser profundo de los hombres, a que éstos asuman la dualidad. Sin duda porque el imperio de lo Uno siempre ha regido la vida del hombre..., y aún más la del hombre-masa de hoy. Sin duda porque el hombre teme el vértigo y recela de la altura, rehuye lo sinuoso, evita lo complejo, busca cobijo en lo plano, se conforta con lo unívoco y se complace en lo sencillo.

Para decirlo con la máxima concreción: porque es infinitamente más cómodo y sencillo hablar una lengua que vivir y sentir en dos, reconocerse en una única identidad que asumir simultáneamente dos.

Y puestos a elegir una sola, se elige la más cercana, la más íntima, la más familiar. Todo el espíritu del nacionalismo victimista de hoy está envuelto en la exaltación de lo íntimo y familiar, de lo pequeño y recoleto.

Sólo así el hombre nacionalista se siente en el ámbito de lo propio, «en casa», entre los suyos, sumido en la emoción que depara lo colectivamente entrañable, lo íntimo. Sólo «aquí». Nunca «allí», tan lejos, perdido entre «los otros».

Así es como esa íntima emoción que todo catalán siente (¿quién no la sentiría?) paseando por las calles de Barcelona o por los campos del Ampurdán, la mayoría dejan de experimentarla tan pronto como pasean por las calles de Madrid o por los campos de Andalucía. ¿Significa ello que dejan de admirar la belleza de las ciudades y campos de España, de simpatizar incluso con su gente? En absoluto: nada se opone a que el viajero vasco o catalán pueda admirar tales bellezas o simpatizar con tal gente, de igual forma que, en sus desplazamientos por este ancho y cada vez más reducido planeta, también podrá admirar, pongamos por caso, la Gran Muralla de China, o simpatizar con las mulatas brasileñas. Esto es todo.

Por supuesto que cualquier andaluz, cualquier aragonés, cualquier asturiano... se siente más íntimamente «en casa» cuando se encuentra en su tierra natal que en otro lugar de España. Pero también ahí se siente en la «casa común», entre gente propia, afín, fraterna, por mayores que sean (y lo son entre nuestros hombres y tierras) las diferencias de talante, de sensibilidad, de forma de ser. Pero no por ello hay conflicto ni oposición. La diversidad se integra en la unidad.

Tomemos el caso de Andalucía, esta región cuya identidad propia, cuya forma de ser y vivir, presenta, respecto a las demás regiones españolas, diferencias que en el fondo son mucho más acusadas, si dejamos de lado la lengua, que las existentes entre Cataluña (o el País Vasco) y el resto de España. La cuestión de la especificidad andaluza es de tal importancia que requeriría todo un estudio aparte, para el cual no es éste el lugar. Sí lo es, en cambio, para destacar hasta qué punto es posible asumir conjuntamente dos identidades distintas, contrapuestas incluso; hasta qué punto la afirmación de lo más íntimamente propio no tiene por qué hacernos rechazar lo que nos marca como propio desde un ámbito más general.

Todo el problema del nacionalismo estriba en su imposibilidad de asumir este ámbito más ensanchado. Todo su problema consiste en rechazar la apertura de horizontes que se produce cuando uno sale del reducto de lo íntimo y familiar; cuando, sin romper con las raíces nativas, nos lanzamos más allá de su contorno inevitablemente estrecho, nos adentramos más lejos..., sin por ello sucumbir, no obstante, a la abstracción que pretende realizar el hombre contemporáneo: ese hombre «globalizado», ese individuo intercambiable entre las distintas regiones del mundo, ese individuo que va errando como alma en pena por aeropuertos, hoteles y ciudades idénticos en su banalidad; ese individuo desencarnado al que se opone pues el hombre nacionalista de hoy; pero al que se opone también, con mayor fuerza y verdad, el hombre comunitario de hoy.

Lo que pierde al hombre nacionalista no es alzarse frente al uniforme gris del hombre globalizado. Lo que le pierde es su maniqueísmo, su incapacidad de asumir a la vez dos cosas distintas. *O lo uno o lo otro*, exclama desde lo hondo de su alma el hombre nacionalista. *O bien soy catalán (o vasco, o gallego), o bien soy español.* Y como nuestro hombre es afortunadamente catalán (o vasco, o gallego), la conclusión cae entonces por su propio peso: el hombre nacionalista se cierra ensimismado en su especificidad; todo su pasado y su presente español queda deshecho, reducido a ese vínculo puramente externo que es la pertenencia jurídico-política a un Estado. La vieja piel de toro queda reducida, para él, a su mero pellejo. España se convierte en puro envoltorio, mera cáscara.

V

Hablan los árboles

¿QUÉ HACER, pues? ¿Cómo enfocar, cómo plantear la convivencia entre quienes sienten a España como cáscara y quienes la vivimos como pulpa? No pretende este ensayo aportar respuestas políticas, enzarzarse en la lid, legítima y necesaria, de lo que corresponde hacer o dejar de hacer aquí y ahora. Limitémonos pues a formular tan sólo algunas preguntas esenciales.

¿Qué importa, en últimas, que la identidad de Cataluña (o del País Vasco) sea en sí misma indisolublemente dual, forme histórica e intrínsecamente parte de esta nación plural que se llama España? ¿Qué importa, en efecto, si la mayoría de los habitantes de Cataluña y el País Vasco han dejado de sentirlo así? Es más, ¿qué sentido tiene hablar de una *identidad dual* de Cataluña opuesta al sentir mayoritario de sus habitantes? ¿No es la libre voluntad de los individuos que componen una sociedad lo único que define la naturaleza, es decir, la identidad de la misma? ¿Hay acaso algo superior a la voluntad, buena o mala, afortunada o aciaga, de los individuos que la integran? ¿No estamos, en efecto, en democracia?

Sí lo estamos. Nada es en sí mismo sustancialmente bueno o malo, grande o mezquino, noble o vil para nosotros. Sólo el masivo sentir de los individuos configura la bondad o maldad, la validez o invalidez de las cosas. Sólo la voluntad democráticamente expresada por las masas permite dirimir los conflictos que se presentan a los hombres en sociedad, zanjar entre las diversas opciones presentes: en este caso, las relacionadas con la configuración de su identidad nacional.

Con arreglo a los postulados democráticos (y hoy no hay otros), la respuesta a la pregunta anteriormente formulada es inequívoca: no tocaría más remedio que inclinarse. Si tal fuera la voluntad de aquellas partes de España que, aun manteniendo (o no) determinados vínculos políticos con ella, quisieran romper los demás lazos —históricos, lingüísticos, vitales— con lo que aún es la casa común, las reglas democráticas impondrían acatar inexorablemente tal voluntad.

Cabría desde luego lamentar en tal caso —sobre todo por parte de quienes somos y nos sentimos catalanes— la suerte de Cataluña y de las demás nacionalidades así desgajadas de lo español (lo cual significaría además: desvinculadas de lo *hispánico*, de toda esta caudalosa riqueza que ofrecen una lengua y una cultura asentadas a ambos lados de «la mar Oceana», como decía el Almirante que primero la surcó).

Se podría lamentar cuanto se quisiera la complacencia de tales nacionalidades en su cerrazón ensimismada sobre sí mismas, en su gusto por la pequeñez cálida, íntima e inevitablemente estrecha. Habría lugar de apenarse por las que han sido durante siglos partes constitutivas de lo hispánico: pero el lamento sería mucho menor por España, por este país que, aún privado de quienes lo desdeñan, no por ello dejaría de afirmarse en el esplendor milenario de su historia, de su lengua y de su arte.

Dicho de otro modo: si tal fuera la voluntad mayoritaria de Cataluña y el País Vasco, todas las consideraciones anteriores sobre su identidad dual seguirían siendo igual de válidas..., pero carecerían del menor valor práctico en cuanto a la configuración de su vida política y social.

*

Suponiendo que algún lector nacionalista haya tenido a bien llegar hasta aquí, la anterior argumentación será, sin duda, lo único de todo este libro que le habrá podido complacer. Sin embargo, no sería bueno que dicho lector se regocijara con excesiva rapidez. Las anteriores consideraciones parten de un presupuesto muy preciso: si tal fuera el sentir claramente mayoritario de los individuos que constituyen Cataluña y el País Vasco, entonces los principios democráticos obligarían inexorablemente a acatar tal voluntad.

Si tal fuera la voluntad de los individuos... Pero ¿lo es o puede llegar a serlo algún día?

La cuestión es obviamente de suma importancia, pero no constituye la que aquí nos interesa. El que la voluntad independentista sea mayoritaria o minoritaria constituye, en últimas, una cuestión puramente factual, y lo que aquí nos importa es que, cuando el hombre nacionalista exultaba con el anterior razonamiento, no se daba cuenta de que con el mismo se estaban desmoronando todos los postulados en que se basa la visión nacionalista del mundo.

Lo único que podría legitimar en la práctica social las ansias separatistas del nacionalismo vasco o catalán, decíamos, es que tales ansias se correspondieran con la voluntad mayoritaria de la población.

Pero entonces resulta que no son las «raíces», la «tierra», la «historia nacional», la «esencia patria» lo que legitima la reivindicación nacionalista: *es sólo el libre albedrío de los individuos.* Es sólo porque éstos así lo quieren (suponiendo que realmente lo quieran), es sólo porque «les da la gana», por más que, para realizar tales ganas, tengan que acabar con toda una tradición hecha de dualidad, por más que se vean obligados a arrancar sus raíces, olvidar su historia, dejar de hablar —de sentir y latir— en su otra lengua propia.

*

Si lo único que cuenta es pues la voluntad libre y tornadiza de los individuos, ¿resulta entonces que la sociedad como tal carece de identidad propia? ¿Significa ello que la identidad nacional no existe? ¿Habría que concluir que esta cosa a la que denominamos nación es una entelequia, un embeleco, una palabra huera?

Y, sin embargo, no: la nación existe. Sí tiene sentido esta cosa que, engolando lamentablemente la voz, el hombre nacionalista llama la «patria», la «tierra natal», la «nación». En el fondo es lo mismo, aunque con connotaciones profundamente distintas, que lo que el hombre comunitario —ése que, para ubicarse en su casa necesita a la vez abrirse al mundo—, denomina sin engolamiento alguno el «sentir colectivo», el «aliento común», el «entroncamiento con el pasado», el «pálpito de una lengua» (o de dos): esa cosa, una de las pocas, que hace que no estemos tan solos, tan perdidos en el mundo: hoy sobre todo en que nos hallamos abandonados entre máquinas poderosas como dioses e individuos aislados como átomos, hoy que vivimos en esta «soledad promiscua», como decía Octavio Paz.

Comoquiera que lo llamemos, el aliento colectivo, el espacio común, la nación es algo que existe, que tiene dimensión propia, que no se reduce a la suma de las voluntades de quienes lo integran. Sucede sin embargo que estos últimos pueden imaginarlo, quererlo, afirmarlo diferente, distinto de cómo aparece. Así ocurre hoy mismo en Cataluña y el País Vasco, donde el imaginario nacionalista está rompiendo con su acendrada identidad dual; está colocando otra en su lugar; una identidad unívoca, imaginariamente unidimensional: esa otra identidad que, si se consolidara, acabaría —al cabo del tiempo que fuera— configurando otra realidad, otra identidad, otra nación: una nación cuya catalanidad o vasquidad exclusiva se habría hecho entonces real, habría dejado de ser imaginaria..., pero una nación que nada tendría entonces que ver ni con lo que es hoy ni con lo que ha sido durante más de cinco siglos.

La identidad colectiva existe, no es ninguna patraña. Pero... ¿dónde existe, en qué consiste, dónde radica? Radica por supuesto en una tierra, se sitúa entre unos valles, a la orilla de unos mares, a lo largo de unas llanuras, a través de unas ciudades... Pero la tierra, tomada geográficamente, es lo que menos importa de todo. Esas montañas a las que desde pequeños hemos alzado nuestra vista, ese mar en cuyas aguas nos sumergimos por primera vez un día, esos campos cuyos atardeceres impregnarán para siempre los recuerdos de nuestros amores, esas calles por cuyos adoquines rechinaron los féretros de nuestros muertos: semejante tierra importa, qué duda cabe, pero sólo en la medida en que es un soporte, un marco para todo lo demás. O si la tierra importa en sí misma, no es como naturaleza: es por el valor simbólico que reviste, por la importancia afectiva con que se ve envuelta para quienes sobre ella viven y bajo ella yacen. Lo que importa —aquí como en todo— son los símbolos y las emociones, las ideas y las pasiones. Y las imaginaciones..., esa cosa en la que un hombre sensato jamás —dicen— debería perderse.

Pero es la imaginación la que hilvana y teje las cosas —las del espíritu, al menos—. Es la imaginación la que da, por ejemplo, sentido y realidad a ese pasado común sobre el que se forja la identidad colectiva. ¿Qué sería en el fondo la historia sin nuestra mirada, sin nuestros fervores y nuestra imaginación? Bien poca cosa... La historia, en sí misma, no es ningún objeto que esté ahí, frente a nosotros, impasible y determinable como las cosas que la ciencia analiza. El pasado es inseparable de la imagen que él nos remite y que nosotros nos forjamos de él. El pasado —ese pasado sobre el que, hasta nuestros tiempos, siempre han vivido los pueblos y se han forjado las civilizaciones— es algo tan sinuoso, incierto y palpitante como un ser vivo

Digámoslo abruptamente: *lo que fue es lo que nos imaginamos que fue.* Pero no de cualquier modo, por supuesto. La imaginación —la imaginación forjadora de mundo— no es en absoluto un delirio. Hay ciertos hechos incontrovertibles a los que la imaginación se debe someter (por ejemplo, que durante estos últimos siglos Cataluña ha compartido con el resto de España, cualesquiera que sean las tensiones y agravios existentes, una cultura y una lengua común). Hay hechos innegables (por más que se empeñen en negarlos los actuales manuales de la historia que se enseña en las escuelas de Cataluña y del País Vasco). Hay hechos indiscutibles, pero la manera de sentirlos y vivirlos sí es libre, sí depende de lo que piense e imagine esa cosa que los románticos llamaban «el espíritu de un pueblo» y que, para quitarle todo su olor a esencias inmarcesibles, mejor haremos en denominar: el imaginario de una sociedad y de una época.

*

Es precisamente el imaginario, el espíritu de nuestra época —este conjunto de sentimientos, ideas y creencias que configuran nuestra identidad moderna— el que deniega toda pertinencia a la imaginación; el que, relegándola al campo de lo que considera meros «ornamentos estéticos», sólo ve en la afirmación de la identidad colectiva o nacional un inmenso (e inútil) ejercicio de imaginación; o lo que para él es lo mismo: toda una ingente fabulación desprovista de sentido.

Pero lo que sí constituye una ficción totalmente insostenible, es lo que entonces no toca más remedio que oponer a la identidad colectiva. Lo que viene a sustituirla es esa masa de individuos cuya mera adición sería constitutiva de la sociedad: una sociedad que —en cuanto a su naturaleza, en cuanto a sus resortes fundamentales— sería idéntica tanto en Arabia Saudita como en Francia, tanto en China como en España, tanto en Estados Unidos como en Ruanda…; una sociedad cuya única y verdadera diferencia estaría constituida por el distinto grado de desarrollo científico-técnico alcanzado por las diversas regiones de nuestro desventurado planeta.

No merece la pena entrar a discutir parecida sandez —cotidianamente presupuesta mil veces en los informes y acciones tanto de los organismos internacionales como de las empresas multinacionales—. No, no somos meros individuos intercambiables unos con otros; o si somos individuos, si existimos, sólo es en la medida en que una lengua (dos, en ciertos casos), una colectividad, un aliento, un pasado común nos envuelven y, sin ahogarnos, nos dan sentido. Afirmémoslo pues con fuerza. Y afirmémoslo sobre todo aquellos a quienes el enfrentamiento con los desvaríos nacionalistas nos puede a veces hacer correr un riesgo: el de considerar que la idea misma de nación, de colectividad, carece de sentido; el de pensar que toda sociedad se reduce a una suma de individuos, y que si, por ejemplo, hay que defender a fondo el bilingüismo de la sociedad catalana, ello sólo se justifica, o se justifica ante todo, por el hecho de que una parte considerable de la misma —la castellanohablante, junto con otra, mucho menor, de catalanohablantes— así lo siente y desea.

Si bien la reivindicación del bilingüismo auténtico del que hablábamos se justifica sobradamente por tales motivos, los mismos no constituyen sin embargo lo esencial. Aun si no hubiera en Cataluña un solo emigrante de expresión castellana, el reconocimiento de nuestra dualidad, de nuestra simultánea pertenencia a lo catalán y a lo español, se justificaría exactamente igual. Porque tal es en sí misma nuestra identidad, nuestra riqueza: la de nuestro pasado y (todavía) la de nuestro presente.

Otra cosa es que se quiera echar por la borda semejante riqueza; otra cosa es que no se quiera aceptar que Cataluña —con toda su especificidad propia— forma parte de España, de la lengua, de la cultura, de la historia española, por no decir *hispánica*. Otra cosa, en fin, es que si este rechazo de lo español constituyera realmente el sentir aplastantemente mayoritario de Cataluña, no quedaría otra posibilidad que la de acatarlo.

*

¿Lo constituye realmente? Desde luego que no, o en todo caso no de esta forma aplastante a la que aludíamos. Las cosas están todavía lejos de haberse jugado plenamente. Hay, es cierto, esta especie de consenso mayoritario entre la población genuinamente catalana, al que ya nos referimos y que sí va en tal dirección. Pero hay también los otros..., aquellos a los que Francesc Candel llamó, en un célebre libro de los años sesenta, «los otros catalanes»: esta otra mitad de la población que sólo se podrá sentir auténticamente catalana el día en que ser catalán no se oponga a abrazar lo español. Y, aunque seamos pocos, estamos también los otros, *los otros catalanes*, habría que llamarnos también con la mayor propiedad del mundo. Nosotros: los que por lengua, origen y sentimiento, somos tan catalanes como los que más, y no por ello menos españoles que los demás.

Con otras palabras: si sometiera sus verdaderas ansias, sus objetivos últimos, al veredicto de la mayoría, el nacionalismo llevaría hoy por hoy las de perder. Y como es perfectamente consciente de ello, resulta que no son sólo elevadas consideraciones teóricas: son también burdas razones prácticas las que le impiden al nacionalismo situar su fundamento en el único lugar en que lo podría tener: en el libre albedrío, en la voluntad inmotivada de quienes comparten sus creencias. Es también por eso por lo que el nacionalismo busca su fundamento en una identidad nacional que, fantaseándola, empequeñece, falsea y desvirtúa. Es también por eso por lo que establece su asidero en la historia, en la tierra, en el suelo. Es también por eso por lo que la «territorialidad» —la «lengua territorial»— es uno de sus conceptos clave. Es también por eso por lo que antepone los derechos de la tierra a los de los individuos... que no le dan tales derechos con la consistencia que quisiera.

No caigamos en la trampa del nacionalismo. Defendamos los derechos de los individuos: incluso acatando, si acaso algún día así llegara a manifestarse, la voluntad separatista expresada por una aplastante mayoría. Pero no reduzcamos el mundo a un mero aglomerado de individuos. Defendamos también la tierra.

Amparándose en esta visión individualista del

mundo, Alejo Vidal-Quadras —sin duda el hombre público que, al combatir con mayor vigor el nacionalismo catalán, se ha hecho acreedor a sus más exacerbados odios y vituperios— declaraba hace algún tiempo: «Las lenguas no son valores esenciales, sino códigos de comunicación; lo importante no es el código, sino lo que comunica [...] Las lenguas no son territoriales. Las piedras, los árboles no hablan, las que hablan son las personas».[14]

Afirmar lo contrario, pretender que la lengua sí es un valor esencial, no un mero código de comunicación; considerar, frente a la visión utilitaria del mundo, que sí hay una cosa denominada «tierra», «pasado», «comunidad», «aliento común» que, modelado por los individuos que lo integran, los trasciende y modela a su vez; afirmar semejante cosa, tal es la única grandeza del nacionalismo contemporáneo.

Que no nos duelan prendas en afirmarlo también desde las antípodas del nacionalismo. Las piedras, los árboles, los ríos y mares de nuestra tierra —reconozcámoslo— son otra cosa que este depósito de materia bruta del que el hombre utilitario, como

14. *El País*, 30.3.1996. Citado por Antonio Santamaría, *Foro Babel. El nacionalismo y las lenguas de Cataluña*, Ediciones Áltera, Barcelona, 1999.

decía Heidegger, sólo usa y abusa a su antojo. El mundo, tanto el natural como el que creamos, existe, tiene sentido en sí mismo; sus cosas nos interpelan, acometen, hablan... No dejemos esta habla en manos del hombre nacionalista: la va a diezmar aún más que el hombre de la técnica.

Claro que hablan las piedras, los árboles, las ciudades, el aire mismo que nos envuelve en Cataluña: lo que sucede es que hablan a la vez en catalán y en español.

Índice

El 12 de octubre de 2000, Día de
la Hispanidad, se terminó de
imprimir este libro en los
talleres de la imprenta
Novagráfik de
Barcelona